台湾 ゆるぽか 温泉旅

松田義人

晶文社

この本で紹介する温泉または冷泉

紺色の箇所はこの本で紹介する台湾の温泉または冷泉です。また、ピンク色の箇所は過去にあったものの消失または埋没しているか、そもそも入浴できない温泉について触れているところです。台湾にはこの3倍以上もの温泉が存在します。

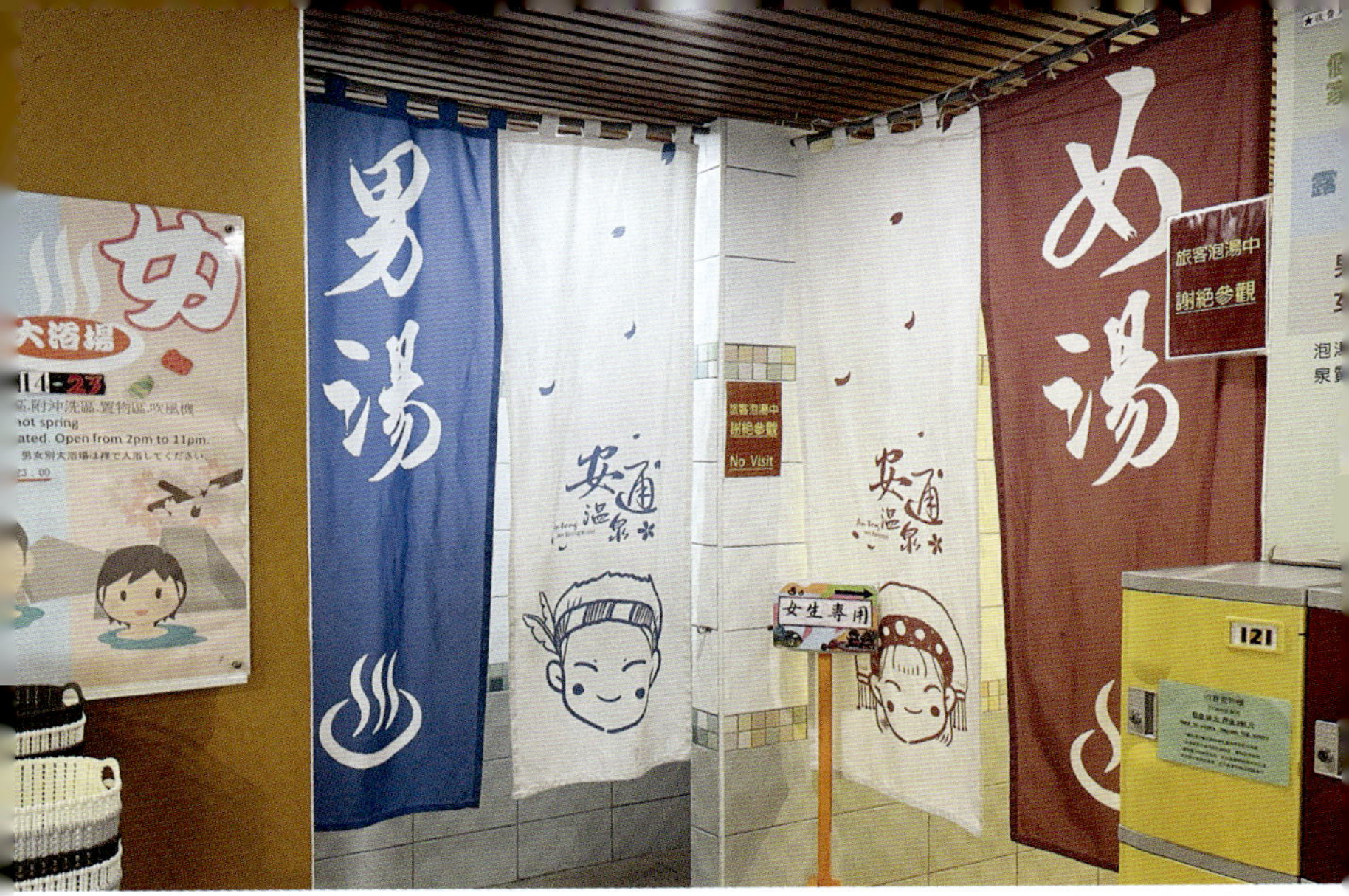

台湾各所にある温泉地の施設は「日本」を意識したところも多く、入浴の仕方も日本とほぼ同じなので気軽に利用できます（花蓮・安通温泉…P173）。

台湾の各温泉地は日本統治時代に切り開かれたところが実に多く、そのストーリーもできるだけ紹介しました。中には日本統治時代から遺る施設で浸かれるところも。臆することなく利用し、地元の人とコミュニケーションを取ると良い思い出になることでしょう（花蓮・瑞穂温泉…P178）。

04

01

05

02

06

03

01 週末ともなれば台北近郊の旅行者が大挙して訪れる烏来温泉。台湾北部の有名温泉街のひとつです（新北・烏来温泉…P051）。

02「バスが土日の1日1便のみ」など、アクセスが難しい温泉地もあります。しかし、そんな秘湯にこそ浸かってみたいのもまた温泉ファン、台湾ファンの心情です（宜蘭・鳩之沢温泉…P188）。

03 温泉マークは日本同様ですが、ズラズラズラっと数多く掲げるあたりが台湾的でキッチュで楽しいです。日本風だけでなく、この感じも僕は大好きです（桃園・羅浮温泉…P060）。

04 台湾人の温泉の楽しみ方は人それぞれ。中には浴槽に雀卓を置いているところもありますが、実際に温泉に浸かりながら麻雀に興じる人を見たことはありません（宜蘭・礁渓温泉…P194）。

05 世界的にも珍しい海底温泉もあります。離島･緑島の名所のひとつでもある朝日温泉は設備も整っており、プール感覚で浸かることができます（緑島・朝日温泉…P161）。

06 有名温泉街の近くには奇景を楽しめる場所もあり、中には300年以上も火が水中から燃え上がるところも。温泉入浴と合わせて見学に訪れると良いでしょう（台南・関子嶺温泉…P120）。

10

07

11

08

12

09

07 温泉＝日本と、日本を意識するがあまり過剰になってしまった温泉施設も。でも、こんなところもまた台湾のチャーミングなところだと僕は思っています（高雄・不老温泉…P133）。

08 日本統治時代からの有名な温泉施設が、法律を巡って無期限の閉鎖に至ったケースも。いつか再開して欲しいものです（花蓮・紅葉温泉…P118）。

09 高級温泉ホテルが実施する、食事と日帰り入浴のセットプランを利用しました。モダンな個室風呂に浸かれば気分はセレブに（台中・大坑温泉…P092）。

10 モダンな温泉がある一方、個人旅館の庭先に設置された温泉も。干された洗濯物の脇で浸かる温泉もまた台湾の家庭に溶け込んだ気分で嬉しいものです（台東・金崙温泉…P152）。

11 台湾の温泉のド定番スタイル・混浴風呂やSPAは何時間でも浸かっていたくなるゆるぽか施設。水着だけでなく、水泳帽も忘れずに（高雄・不老温泉…P133）。

12 温泉で知り合った地元の人たちとの会話もまた嬉しいもの。スマートフォンの翻訳機能を使えばすぐにコミュニケーションを取ることができます（高雄・不老温泉…P133）。

台湾の野渓温泉の多くはアクセスが難しく単独ではまず無理なところが多いです。一方、険しい山道などを通るわけでもなく、比較的行きやすい野渓温泉もあります（宜蘭・梵梵温泉…P183）。

ガイドブックには載らないローカルな公共浴場もあります。旅行者でも利用が可能ですが、本来は地元の方々のための施設。迷惑にならないように心がけましょう（新北・金山温泉…P044）。

「絶対に浸かれない温泉」もあります。台湾東北部の離島・亀山島付近の海岸に沸く濃厚な温泉ですが、景色と強い硫黄臭で浸かった気分だけを味わいましょう（亀山島・ミルクの海…P149）。

天変地異の影響を受けやすい台湾地方部の温泉。何度も再建を行ったのに再び消失したり埋没したりした温泉も紹介しています（台東・金峰温泉…P116）。

温泉だけでなく、各地の冷泉も紹介しています。アクセスは難しくとも一度は訪れて浸かってほしい場所ばかりです（蘭嶼・野銀冷泉…P075）。

かけ湯（はじめに）

台湾を旅行し、美味しい台湾料理や気さくな台湾人の心に触れ、感動を覚える人は多いと思います。そして、この感動をきっかけに台湾にどんどんハマっていく人もまた多いことでしょう。そうなると定番の台北巡りだけでは飽き足らなくなり、地方部などに足を伸ばしたくなるものです。かくいう僕もこの「台湾にハマる人によく見られる流れ」から地方部を巡るようになりました。

しかし、地方部の名所は、えてしてアクセスしにくい上に目指した名所以外に「他に見学すべきものがさほどない」ということがよくあります。結果、片道1〜2時間かけ名所に辿り着いたのに、ほんの小1時間ほどの見学が終わると、ポカンとしてまた1〜2時間かけて帰ってくる……なんてことを繰り返したりします。

いつしか僕はこの「ポカンとしてただ帰ってくるだけ問題」がもったいなくて「せっかく時間をかけて遠くまで来たのだから、目当ての場所だけでなく近隣の散策もしたい」と思うようになりました。同時に知ったのが、台湾各所には温泉が100ヶ所以上も存在するということ。

台湾は南国なので「温泉がたくさんある」ということが意外でしたが、清の時代にすでに発見されていた温泉、日本統治時代に開発が進んだ温泉、第二次世界大戦戦後、台湾から日本が撤退した後、紆余曲折を経て復活した温泉などが各所にあります。

それまでの僕は特別な「温泉ファン」というわけでもなかったため「移動の途中で服を脱いだり着替えたりとか、それこそ時間がもったいない」「温泉は日本にもあるんだから、わざわざ台湾で浸《つ》かる必要もないだろう」と思うところもありました。

しかし、台湾の温泉に浸かり始めたところ、各所で異なる多彩な泉質はもちろん、その地の文化や背景の違いを目の当たりにし、いわゆる「台湾の名所を見て回る旅」以上にドハマリし、そのうち温泉のほうを優先して巡るようになりました。日本の生活で心身ともに疲れると台湾の自然に囲まれた温泉を恋しくさえ思うようにもなり、年に数回の台湾旅では、多いときで1日で3〜4つの温泉に浸かるほどになりました。

そして、台湾の温泉にドハマリした理由はもう一つあります。台湾人とより深く触れ合えたり、リアルな台湾を体験できることでした。

当初、台湾となんの縁もない中でハマった僕は、台湾人の日常もあまり知らず、台湾人の友人もほんの1人か2人程度でした。しかし、温泉に浸かる場面では初めて会う台湾人ともすぐに打ち解けることができました。そして予想だにしない台湾の日常を体験することも多くありました。こんな体験の連続が嬉しくて、さらに「台湾沼」みたいなものから抜けられなくなるのでした。

日本国内では台湾の温泉にまつわる本が少ないながらも刊行されていて、僕はそのほとんどを読んできました。それらを受け、この本では、各温泉地の概要に触れながらも各所で起きたエピソード、台湾人との触れ合い、温泉で出会った台湾人の息遣いなどをできるだけ多く紹介するよう努めました。台湾の温泉の各所の情報だけを求める方にとっては不要な話もあるかもしれませんが、この点はどうかご容赦ください。

また、台北または桃園を起点に、台湾を反時計回りで一周しながら各温泉地を巡るような構成にしました。各所の冷泉や天変地異などの影響で残念ながら閉鎖または埋没してしまった「幻の温泉」「そもそも入れない温泉」などにも触れました。少々マニアックな話になりますが、これらも楽しんでいただければ幸いです。

この本は台湾でゆる〜く、でもとても温かい体験ばかりをさせてもらった僕の温泉紀行的な一冊です。僭越ですが、読者の方に一緒に温泉を巡っているように感じていただけたり、次の台湾旅で温泉巡りを取り入れるきっかけに繋がることがあれば本当に光栄です。

さらに、多くの人の台湾の温泉旅や体験をきっかけに、僕たちが大好きな台湾と台湾人との繋がりや友情が、さらに一歩深まることがあれば、これほど嬉しいことはありません。

２０２４年10月　松田義人

目次

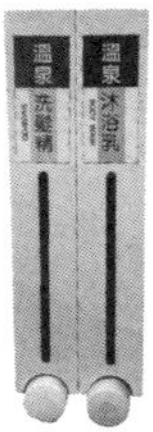

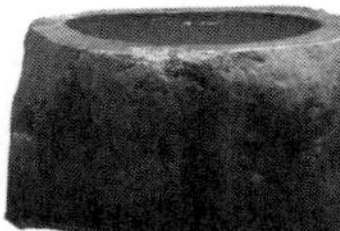

第4章・台湾東部のゆるぽか温泉旅 151

※この本に記載されている情報は2024年10月時点のものです。地域によっては天変地異の影響を受けやすい場所もあるため、各温泉地へ赴く際は事前に最新情報を調べて行ってください。

※著者は各温泉を主にレンタカーなどの自走で巡っています。地域によってはアクセスしにくい場所もあります。できる限り公共交通機関の情報も記載しましたが、これらもまた赴く際は事前に最新情報を調べて行ってください。

※地域名は日本人にわかりやすく日本語で表記するため、旧字体ではなく新字体で表記しています。

※台湾現地の呼称にならい台湾先住民を"台湾原住民"または"原住民"と記載しています。

※この本に記載されている通貨単位は台湾元です。執筆時の為替レートは「1台湾元＝約4.5円」です。

台湾の温泉施設の種類

イラスト：池上ウェニーワン

◆混浴露天風呂・SPA

〔概要〕

台湾では最もポピュラーな温泉スタイル。ジャグジーなどの設備があるところが多く、混浴で男女ともに水着を着て温泉を楽しみます。小さなお子さんがいる場合は、プール施設を備える施設をチョイスすると良いでしょう。家族で談笑したり、浴槽のそばのテーブルで食事をしたりするのは台湾では普通です。

サウナなどを併設するところもありますが、台湾の温泉地のサウナはヌルめ傾向です。日本的なサウナは期待しないほうが良いでしょう。

日帰り入浴の場合、場所にもよりますが、時間無制限で、250～400元前後。丸1日温泉で過ごす人も少なくありません。

〔マナー〕

まず必須なのが「水泳帽」。台湾では日本以上に「髪は不潔なもの」と考えられており、そのため「水泳帽」がなければ温泉に浸かることを許されません。また、日本同様、浴槽にタオルを浸からせたりするのも厳禁です。

〔ワンポイントアドバイス〕

家族や友人同士などの複数人で訪れるケースが多い混浴露天風呂なので、1人で浸かっていると、かえって目立ち「この人誰なんだ」と遠巻きにジッと視線を送られることがあります。

こういった場面では「怪しい者じゃありません」アピールも含め、積極的に別の団体に話しかけてみると良いでしょう。「日本人旅行者なのだ」と伝えると仲良くしてくれることもあり、これもまた台湾温泉旅の良い思い出になることでしょう。

◆個室風呂

［概要］

温泉ホテルなどの個室風呂は、部屋に併設されているものや日帰り入浴用に作られた家族風呂的なものなど。基本的には「裸湯」として入浴を楽しみます。

いずれも「人前で肌を晒したくない」「家族だけで楽しみたい」といった人にはうってつけですが、利用料は総じて高めです。

温泉ホテルによっては食事とセットにしたプランを設けているところもあります。家族やカップルなどで行く場合は、併せて利用すると良いかもしれません。

［マナー］

個室風呂なので、他の利用者に配慮することなくくつろげる利点がありますが、できるだけ汚さないようにし、退出時は全て排水しておきましょう。

［ワンポイントアドバイス］

脱衣所と風呂場が一体化した施設の場合、目の前の温泉に気を取られて浸かっていると、帰る際に荷物がビシャビシャ……なんていうことも。念のためビニール袋などの準備があるとベターです。

◆足湯

［概要］

温泉街の中心部などによくあります。無料で楽しめることが多いですが、混雑時の長湯は禁物。多くの人が利用できるように配慮しましょう。

［マナー］

足を出し入れする際は、他人にお湯がかからないようにしましょう。

［ワンポイントアドバイス］

「行った時間帯にお湯が張られていなかった」ということはよくあります。そのため、「なかったらなかったで」程度の心持ちでいると良いでしょう。

◆公共浴場

〔概要〕

日本で言う銭湯に近い男女別の入浴施設で、数はそう多くありませんが、温泉街の一角にある場合が多いです。

北投温泉（P031）の「瀧乃湯」のように歴史の深さから特別な意味を持ち、ある種の観光スポットとして知られるケースもありますが、これは稀。公共浴場の大半が地元の人たちの日々の癒しや憩いのために存在しています。

そのため入浴料金は無料または格安であり、利用者のほとんどが地元の顔馴染みの方々。突然現れた見慣れない人、それも日本人旅行者となると、途端に奇異の視線を浴びることもあるでしょう。

しかし、「絶対に旅行者が利用してはいけない」というルールはなく、まず地元の方々にきちんと挨拶をし節度をもった態度を心がければ、快く受け入れてもらえることでしょう。

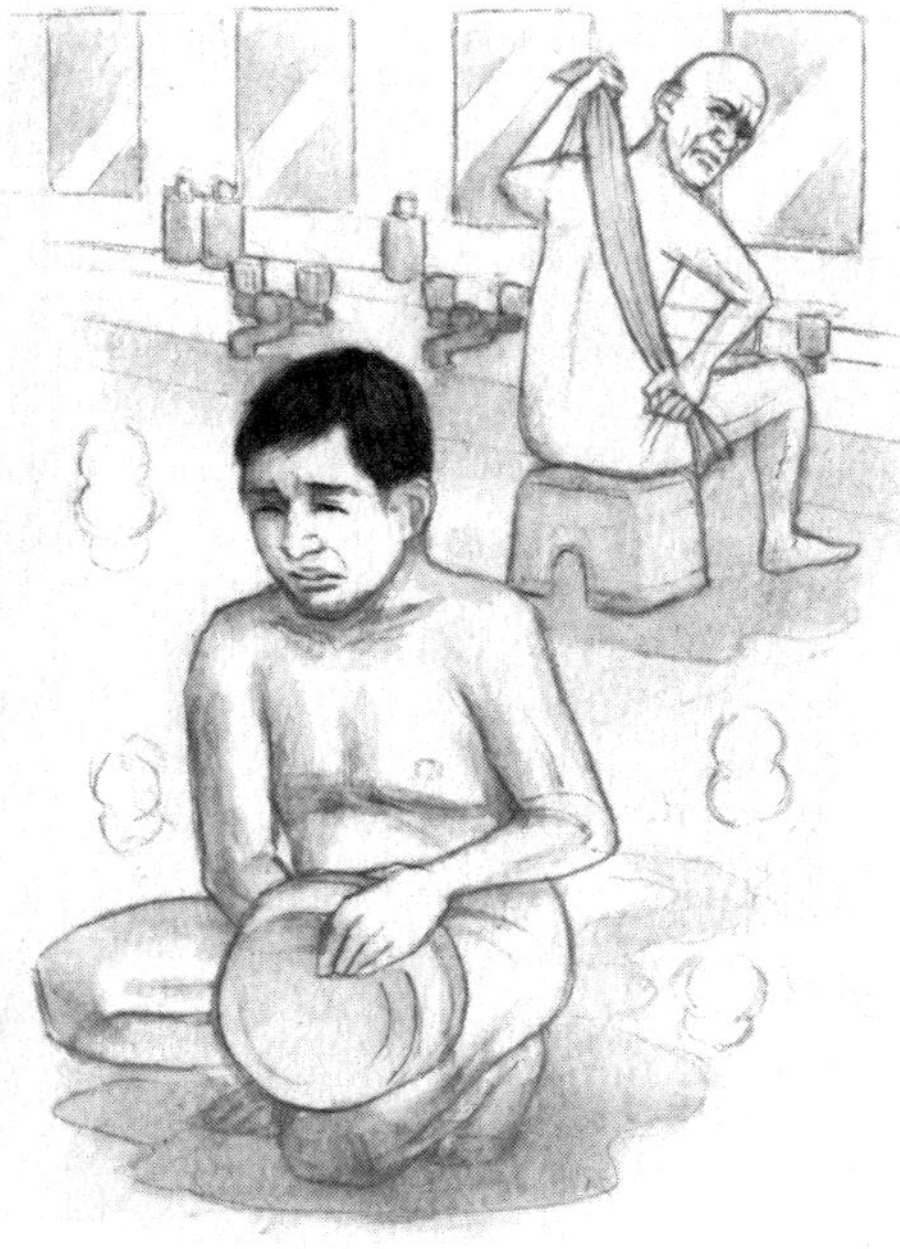

他方、公共浴場なので、満足な脱衣所を持たないところが大半。大きな浴槽の周辺で服を脱ぎ、簡易的なフックに荷物をかけて入浴するのが通例です。

〔マナー〕

公共浴場の中には、施設の受付がなく管理者が常駐していないところも多くあり、地元の利用者が皆で助け合いながら、施設を守り続けているところも少なくありません。

そのため地元の方々による「ハウスルール」的なものが各施設に存在します。わからなければ丁寧に教えを請い、地元の方々の利用の仕方を真似て浸かるようにしてみてください。

ちなみに筆者が各所の公共浴場で、入浴前に特に厳しく言われてきたのは「まずシモを洗え」ということ。金山温泉(P44)の項で詳しく解説していますが、入浴前のシモ洗いは、周囲に多少のアピールをしながら行うのがベターです。

〔ワンポイントアドバイス〕

あくまでも地元の人のための公共温泉浴場。石鹸、シャンプー、タオルなどがないところが大半なので、事前に準備しておくと良いでしょう。

ただし、そもそも石鹸やシャンプーなどを使ってはダメなところも存在するので、この点もまた地元の方々の様子にならってください。

また、ドライヤーなどもないと思っておいたほうがよく、入浴後すぐに髪の毛を乾かせないことに抵抗のある人は、髪は洗わないようにしましょう。

◆野渓温泉

〔概要〕

台湾の山岳地帯や川や海沿いなどに存在する野渓温泉。人の来訪が多い比較的有名な野渓温泉地には、浴槽風に整備されていたり、中には簡易的な脱衣施設があるところもあります。

しかし、大半が野趣溢れるエリアにあるため、地理や天候状況に詳しい台湾人に同伴してもらい訪れるのがベターです。また、1人で訪れる場合はもちろん、複数であっても「旅行者のグループ」だけでは事故を起こさないとも限らず利用を控えるのが賢明です。

〔マナー〕

野渓温泉の各所は地元では「特別な場所」と考えられていることが大半です。自然環境を汚さないことは第一に守るべきことで、言うまでもなく、ゴミなどが出た場合は現場に残さず持ち帰るようにしましょう。

〔ワンポイントアドバイス〕

野渓温泉の中には、Googleマップなどで見ると距離が近いように見えても実際は遠く、道なき道を切り分けながらでないとアクセスできない場所も多いです。

また、天変地異の影響で野渓温泉自体が埋没・消失していたり、原泉付近の川の水が増えていたり、予期せぬ土砂崩れが起こることも考えられます。やはり地元の台湾人が同行しない場合は行くのを避けるべきで、彼らが「行くな」と言う場合は必ず控えてください。大好きな台湾、そして台湾人に迷惑をかけないための大前提の心構えです。

第1章
台湾北部のゆるぽか温泉旅

地元のオジサンたちと『舟唄』をハモり浸かった濃厚硫黄泉――【台北・紗帽谷温泉】

台北・松山空港の飛行機の乗り継ぎにひとっ風呂？

台湾に通い始めた頃、「台湾に温泉がある」と知り、「こんなに暑い南の島に温泉があるのか」と相応の衝撃を受けました。「日本人の台湾通の中には、松山空港の飛行機の乗り継ぎや待ち時間に軽く浸かる人もいる」とも聞き、さらに衝撃を受けたことを覚えています。慌ただしい旅の移動の途中、しかも外国の台湾で服を脱いだり着たりして「ひとっ風呂」というのはなんだか落ち着かなさそうで「ハイレベルすぎる」と当初の僕はさほど興味を持てませんでした。

しかし、その先人たちにならい、今では日本に帰る前に必ず立ち寄るようになった温泉があります。それが台北市内の紗帽谷温泉です。

「台北の温泉」と言うと、真っ先にその名が上がるのが北投温泉（P031）ですが、「日帰りで気軽に温泉を楽しみたい」といったニーズに応える施設は限定的です。大半が高級な温泉ホテルで、中には「1泊10万円」なんていうところも。

そんな北投温泉にほど近く、気軽に日帰り入浴施設を楽しめるのが紗帽谷温泉です。〝紗帽谷温泉〟〝紗帽山温泉〟〝行義路温泉〟など複数の呼び名がありますが、

♨名称……紗帽谷温泉（シャマオグー・ウェンチュエン）
♨アクセス……MRT・石牌駅からバスで約20分
♨泉質……硫黄泉、青緑色の硫黄泉、冷泉など
♨PH値……7
♨泉温……55～80℃

どれが正式の名前なのかはイマイチはっきりしません。台湾では自分の店の正式な屋号さえ曖昧だったり、時間の経過とともに正式な名称が変わり「みんながそう呼ぶなら、なんでもいいや」みたいになることがあります。あまり深く追求せず前述の3つの名前を覚えて目指しましょう。

地元の人たち御用達の紗帽谷温泉

紗帽谷温泉は、松山空港からタクシーで約30分ほど。陽明山の中腹にあります。陽明山は火山由来の複数の山々から成るエリアで、そのうちの一つが紗帽山です。ボコッと盛り上がった標高643メートルの小高い山で、この地域に白濁した硫黄泉、青緑色の硫黄泉、冷泉などが豊富に湧き出ています。

日本統治時代からつとに知られ、この源泉から高級住宅地・天母まで温泉が引かれ親しまれた時期もあったようですが、現在は紗帽谷温泉エリアに直接アクセスしないと浸かることができません。

日本国内にも各地に硫黄泉は存在しますが、僕が暮らす関東圏ではごく限られた場所でしか入浴できません。その意味でも台湾に来てこの贅沢な硫黄泉に浸かれることは実にありがたいものです。個人的には北投温泉よりも硫黄度が強く、大好きな温泉街です。

また、近隣の北投温泉が一見の観光客が多く訪れるのに対し、紗帽谷温泉は「地元の庶民の皆さん御用達」な温泉でもあるため、よりローカルで温かい雰囲気を楽しめるのも嬉しいところ。まさに、表向きに広く知られる温泉が北投なら、リアルで庶民的な温泉が紗帽谷……僕はそんなふうに解釈しています。

数年続いていた工事が終わりきれいな「温泉公園」にリニューアル

紗帽谷温泉には、MRT・石牌駅からバスに乗って行くのがベストです。バスに乗り、台北栄民総医院という大きな病院を横目に天母エリアの渋滞しがちな街中を1キロほど走ると、やがて「行義路」という山道に入ります。この界隈は日本統治時代は別荘地として人気があったところで、間口の狭い台北の街中の住宅とは対照的に、ゆったりとした間口の広いお屋敷ばかりが次々に目に入ってきます。

この山道を1キロほど登ったところに紗帽谷温泉があります。バス停「行義路」で下車し、そのすぐ右側にある急激な〝谷〟を下りた温泉街ですが、紗帽〝谷〟なのか、紗帽〝山〟なのか人によって呼び名が異なるのは、このことがゆえんかもしれません。

ここ数年いつ行っても工事がされており、僕はこれがずっと謎でしたが、直近（2024年）に訪れた際はほぼ工事が終わり、エリアの真ん中を流れる川沿いが公園にきれいに整備されていました。天気が良く川の流れがゆるい日は歩道から川面に下り、硫黄泉を含んだ川に足を投げ出し、「自然の足湯」なども楽しめそうです。

せっかく温泉でまったりしても施設を出れば、いきなり工事現場。紗帽谷温泉では、数年間この状態が続いていました。

2024年に完成した紗帽谷温泉の公園。温泉を含んだ川は浅く流れもゆるやかなため、川面まで下りて「自然の足湯」なども楽しめそうです。

紗帽谷温泉の雰囲気が以前と変わってしまいそうな感じもあり、少々複雑に思うところもありますが、環境が整ったことは良いことです。

この紗帽谷温泉エリアは、ギュウギュウ詰めの台北の都心部とは真逆で四方が自然に囲まれており広々。温泉散歩道などもあり、周囲の川面からは湯気が立ち硫黄の香りがプンプン漂っています。

色々なタイプの温泉が楽しめる「皇池温泉御膳館」

紗帽谷温泉エリアの温泉施設は複数あります。中でも一番人気は、エリアで最も大きい「皇池温泉御膳館」というところ。ここも正式なフルネームで呼ばれることはほとんどなく、だいたい皆さん「皇池」の愛称で呼んでいます。「皇池」では温泉を使った料理なども提供されますが、多くの人たちが利用するのはやはり日帰り温泉。「1館」「2館」「3館」と複数の施設があり、それぞれ内容が異なります。

「1館」は男女別の施設で裸で白濁した硫黄泉に浸かるもの。比較的広く、同性の仲間同士で浸かりに来ている人が多いです。

「2館」は男女一緒に水着で浸かる温泉プールで、家族やカップルなど全員で楽しむことができます。温泉自体はぬるめで温泉そのものよりも、SPAをメインにしたところです。

また、「3館」は男女別の裸湯ですが、勾配の激しい紗帽谷温泉エリアの中で最

「皇池温泉御膳館」
台北市北投区行義路402巷42—1

もアクセスしやすい施設である一方、スペースと浴槽が比較的狭いことから常連の年配者の利用を優先しています。特に混雑する土日などでは僕は「お前は若いのだから」と、「1館」をススメられることもあります。

「皇池」では、いずれの施設でもモワモワした音のスピーカーが設置されており、かかっているのはほぼ100パーセント日本の演歌。日本の演歌を聴きながら、台湾の温泉でゆる～くぽかぽかしながら楽しみましょう。

「3館」の「ロッカータダ使い」の慣習

「皇池」の施設のうち、僕は「3館」が一番好きです。前述の通りの小さい施設ですが、その分台湾人のオジサン、オジイサンと温泉に浸かりながらコミュニケーションを取ることができるからです。

「3館」に入ると、すぐ左側にトイレと有料ロッカー、さらに奥に洗い場、サウナスペース、按摩室があります。僕はここで「ロッカーにお金を入れて使っている人」を見たことはありません。ほとんどが地元の人だからか、ロッカーの扉にタオルをかけた状態にし、出しっぱなしで使っています。

慣れない旅行者の場合、そんな使い方をして「荷物を盗られて裸で帰ることになったら……」と臆するはずで、僕も当初はビビってそのようには使えませんでした。何度か通ううちに、僕も地元の人たちと同じように扉にタオルをかけ、タダで使うようになりましたが、これはオススメできることではありません。確かに地元のお客さんの目もありますし、こんな日帰り温泉に大金を持ってくる人がいて、さらにそれを狙う泥棒がいるとは考えにくいものの「絶対安全」とも言えないので、真似する・しないは旅行者個人の自己責任でお願いします。

そのロッカーの前で服を脱ぎ、かけ湯をした後にいくつかの浴槽に浸かるわけですが、体の芯にジワジワと入るような強めの硫黄泉がとても心地良く、旅の疲れでコリコリになった体が柔らかくなっていきます。あまりの気持ち良さについウトウトしてしまいますが、そんなふうにボーッと温泉に浸かっていたある日のこと、予想だにしないことが起きました。

世代を超えた対日交流。裸で歌う『舟唄』

浴槽の目の前にいたオジサンが台湾語で何やら僕に話しかけてきました。僕は台湾の公共語・中国語ならほんの少しだけわかる一方、閩南語《びんなんご》ルーツの台湾語はまったくわかりません。

「僕は日本人なので言葉がわからない」と下手クソな中国語で伝えると、今度は「あなた日本人か」とオジサンは日本語で返します。すると、周囲の空気が変わり、常連のオジサンやオジイサンたちも寄ってきて「あなた日本人か。どうしてこの温泉を知ったか?」と、皆さんが知る日本語の〝言葉〟をガンガン僕に浴びせてきます。

ところで、こういった場面でよく聞くのが「上等」という言葉。今の日本では「喧嘩上等」のヤンキー的な語感ですが、日本統治時代はこのワードが言葉本来の意味で様々な場面で使われていたのだろうと思います。

さて、ここでオジサンたちと談笑していると、例のモワモワスピーカーから八代亜紀の『舟唄』が流れてきました。この『舟唄』に合わせて、あるオジイサンが「この歌俺は歌えるぞ」と、僕の目をジッと見つめながら日本語で歌い出しました。正直、僕はオジサンの突然の歌と「日本人への見つめ」を前に、どうして良いかわからず小さく笑みを浮かべることしかできませんでしたが、そのうち、また別のオジサンも「俺も知ってるぞ」とカブせて歌い始めます。

さらに、「この歌上等。あなたも一緒に歌う。上等よ」と促され、僕も一緒に歌うことになりました。客観的に見ればヤシの木が揺れる横の温泉で、世代を超えた台日の男たちが『舟唄』をフルチンで合唱……というシュールな場面です。

しかし、こういった地元の人との小さな交流は、旅行者にとってはたまらなく嬉しいもの。観光ツアーではまず体験できないもので、実は多くの旅行者は、その国に旅する際、こんな体験のほうが嬉しいのではないかと思っています。仮にそれが正しければ、台湾の温泉では、高確率でこんな体験をする場面があると思います。紗帽谷温泉に限らず、1人で台湾の温泉施設を訪れる際でも臆することなく、近くで浸かっている人に話しかけてみると良いかもしれません。

言葉ができない人でも根性と多少の強引さがあれば大丈夫。ガンガン話しかけてみると良いでしょう。懐が大きい台湾人に甘えるようではありますが、忘れられない旅の思い出になると思います。

実は個人的に台湾ダントツ一番の温泉

また、余談ですが、「皇池」に以前行ったときと同じ時間帯に行ったところ、前回世間話をした台湾人がこの日も温泉に浸かっていた……なんていうこともありました。「あれ？　お前、前にも来た日本人だよね」といった感じで覚えていてくれて、「台湾に溶け込んだ」みたいに感じ、いたく嬉しく思ったことがありました。

よく考えてみれば、おそらくその人はルーティンとして毎日同じ時間帯に温泉に浸かりに来ていて特別珍しいことではないのでしょうが、こんな小さな感動があるのもまたローカル感たっぷりの紗帽谷温泉ならでは。硫黄泉の良さはもちろんですが、ここに流れるゆるくてぽかぽかの空気は、ある意味で多くの人がハマる台湾の温かさや空気感が詰まったスポットにも感じます。

僕が台湾中の温泉をいくつも巡ってきた話を他人に話すと、たいてい「それで結局どこの温泉が一番良かったの？」という話になります。温泉1ヶ所目のレポートでこれを言っては身もふたもない感じがありますが、実は紗帽谷温泉がダントツ一番です。

相応の時間や費用をかけて各地の温泉を巡ってきているにもかかわらず「行きや

すい台北の紗帽谷温泉が結局一番だった」とは灯台下暗し的ですが、誰にでもオススメできる温泉と言えばやっぱりここです。比較的アクセスしやすい場所ですし「まだ台湾で温泉に浸かったことがない」という方は、ぜひ気軽に紗帽谷温泉でひとっ風呂を楽しんでみてください。

公共浴場の「あれダメこれダメ」を受けても浸かりたい天然ラジウム泉——【台北・北投温泉】

130年もの歴史を持つ台湾屈指の有名温泉地

紗帽谷温泉（P022）で軽く触れましたが、「台湾の温泉」として多くの人が思い浮かべるのが北投温泉です。1894年にドイツ人の硫黄商人によって発見され、硫黄成分を多く含む天然ラジウム泉などが楽しめる台湾有数の温泉エリア。日本統治時代以降に栄え、第二次世界大戦後、台湾が中華民国に帰属してからは歓楽街となり、30年以上、置屋の営業も行われたエリアです。

ただし、前述の通り現在の北投温泉は日帰り専用の温泉施設が2軒と限られ、温泉ホテルが多いので、台北での数泊のみの旅行者にとっては「行ったは良いけど、意外と感動は薄い」と感じられるかもしれません。

また観光地化されていることから最近では世界各国から訪れる旅行者も多く、この辺の観光地ズレ感もまた必ずしも嬉しいことではないかもしれません。

しかし、台北駅からのMRTで1回の乗り換えでアクセスできる利便性、散歩道の充実、2軒存在する日帰り入浴施設、そして日本統治時代の面影が色濃く残ることで、やはり行っておきたいのもまた北投温泉です。

最寄駅の新北投駅で降り進行方向に進むと、北投公園があります。東西に伸びた細長い公園で、真ん中に温泉を含んだ小さな川が流れ、公園内には「北投温泉博物館」という施設があります。「台湾の浴場の歴史・文化」に関する展示や資料を見ることができるので、興味がある人は行ってみると良いでしょう。

この北投公園の両脇には光明路・中山路がありますが、この2つの道は公園の先でやがて合体します。つまり光明路・中山路どちらを通っても新北投駅にぐるっと戻ってこられるので、散歩がてら歩いてみると良いでしょう。

昭和天皇も温泉に浸かった「瀧乃湯浴室」

このうち、光明路をしばらく進むと、「金都温泉飯店」という温泉ホテルの先に有名な「瀧乃湯浴室」があります。日本統治時代の施設をそのまま生かした男女別

♨名称……北投温泉（ベイトウ・ウェンチュエン）
♨アクセス……MRT・新北投駅から徒歩約2～3分
♨泉質……硫黄泉、天然ラジウム泉など
♨PH値……3～4
♨泉温……37～40℃

真ん中に温泉を含んだ小さな川が流れる北投公園。「北投温泉博物館」も公園内にあります。

日本統治時代の施設をリノベーションし、きれいになった「瀧乃湯浴室」。銭湯のように気軽に利用できる一方、北投では特別な意味を持つ施設です。

の銭湯式の入浴施設で、1923年に昭和天皇も浸かったと言われ地元では特別視されているところです。

一時、リニューアル工事のため閉館が続いていましたが、2017年に再開し再び人気を博しています。台湾では、日本統治時代の施設を大切に守り、より過ごしやすいようにリノベーションする例は枚挙にいとまがありませんが、「瀧乃湯浴室」もそのうちの一つ。旅行者と言えど、こんな台湾人の思いに失礼がないよう努めて礼節を持ち利用すべきだと僕は思います。

設定温度以上に熱く感じる「瀧乃湯浴室」

ある意味で台湾人のアツい思いが詰まった「瀧乃湯浴室」ですが、ここのお風呂もまたとにかく熱い。44℃ほどの設定なのですが、なぜかそれ以上の温度に感じるほどで、熱湯がちょっと苦手な僕は浸かるとすぐに出たくなります。

直近（2024年）に訪れた際は、たまたま同じ時間に浸かっていたのが若い日本人2人組で、この熱い湯にも動じず、浸かったままでアレコレ話をしています。余談ですが、僕はこういった場面で日本人旅行者と会うと、なぜか「日本人ではないフリ」をしてしまうことがあります。どんな心理からくるものなのか自分でもよくわかりませんが、この場面でももちろん若者に声をかけたりせず、彼らが延々と語り合う「臭豆腐の匂いマジ無理」といったよくある話に耳を傾けながら、とにか

「瀧乃湯浴室」台北市北投区光明路244号

く熱い温泉に浸かり続けました。

安い入浴料の一方、何かと厳しい「北投温泉親水公園露天温泉」

北投温泉エリアの日帰り入浴施設はもう1軒あります。ちょうど「瀧乃湯浴室」から北投公園を挟んだ反対側にある「北投温泉親水公園露天温泉」というところで、こちらは水着と水泳帽を身につけて利用する男女混浴の温泉施設です。

とにかく衛生面にこだわる施設で、約2〜3時間に1回のペースで「30分のお掃除」の時間があります。このお掃除時間の間はクローズになるため、あらかじめ時間を調べてから訪れるほうが良いでしょう。

ところで、「北投温泉親水公園露天温泉」では近年、着用水着に対する厳しい基準を設けており、「その素材ダメ」「そのデザインダメ」「ここで売っている水着の素材なら大丈夫」などと言われることがあります。先日訪れた際には、僕の前に並んでいた外国人旅行者と受付のお兄さんが水着を巡って押し問答。結果、軽い口論みたいになり外国人旅行者が「WHY？」と両手の平を上にあげて帰って行く場面に出くわしました。

また、なんとかしてこの厳しいレギュレーションをクリアし施設内に入ることができても「写真撮影禁止」「着替えブースは一列に並ぶ」「足湯禁止」「立ち湯禁止」といった「あれダメこれダメ」の厳しいルールが設けられています。

「北投温泉親水公園露天温泉」
台北市北投区中山路6号

「北投温泉親水公園露天温泉」の入り口。果たしてこの男性、そして僕も「あれダメこれダメ」の厳しいレギュレーションをクリアできるのでしょうか。

「北投温泉親水公園露天温泉」は写真撮影禁止。裏側からしか様子をうかがえませんが、台湾の温泉ではよく見る「フリンジ状のレインボーカラーの日除け」があります。

結果、緊張感を抱きながら熱い温泉に浸かり、そして「今、僕はルールを遵守できているのだろうか」と常にビビりながら温泉を後にすることになります。僕が知る限り、台湾の温泉では間違いなく一番ルールが厳しい温泉施設です。

しかし、台北からアクセスしやすい北投温泉の数少ない日帰り入浴施設で、格安で旅行者や一見客も多く訪れることから、衛生と秩序を保つためにはやむを得ない対策のようにも思います。訪れる際は「ＷＨＹ？」と言わずルール通りに利用するようにしましょう。

レンタカー旅で重宝する北投温泉のホテル

このように観光地化されていることもあり、有名な温泉街にもかかわらず、僕が思う「台湾のゆるくて温かい感じ」がやや控えめに感じられる北投温泉ですが、一時期よく泊まっていた温泉ホテルがあります。新北投駅からほど近い「泉都温泉会館」というホテルで、大きな温泉風呂はない一方、客室の浴槽で温泉が楽しめます。

僕はこの16年ほど台湾滞在中のほとんどをレンタカーを借りて巡っているのですが、台北界隈のホテルを選ぶ際いつも頭を悩ませるのが「駐車場があるかどうか」です。台北界隈で駐車場があるホテルはおおむね高額で、最近では円安も手伝い日本の都心部の１・５倍以上の宿泊費を覚悟しておかなければいけません。

そのため、台北の中心部から少し離れたエリアで宿をとることがあり、そこで一時よく利用していたのが「泉都温泉会館」でした。

駐車場代を含め日本円で1万円前後。ホテル1階にはハンバーガーショップとスーパーマーケットがあり、夜間、台湾人の友人らと食事（酒を飲む）の場に出向く際のMRTのアクセスも楽。もちろん温泉も楽しめるとあり、「これは良い」と台北での定宿にしていました。

総じて高めの北投温泉エリアでも「泉都温泉会館」のようにリーズナブルかつ使い勝手の良いところもあります。レンタカー旅に限らず、「台北中心地のホテルは高い」とお悩みの場合、こういった少し離れながらも、何かに特化した街に宿泊してみるのも良いかもしれません。

「泉都温泉会館」
台北市北投区光明路220-20号

険しい表情でデトックス。台湾北部屈指の火山帯由来の名泉——【台北・陽明山温泉】

多くの人がのんびりくつろぐ公園に流れる温泉

台北市内の温泉は紗帽谷温泉、北投温泉の他にもう一つあります。それが陽明山温泉です。
紗帽谷温泉や北投温泉のあるエリアからグッと山を登ると、陽明山国家公園エリアに入ります。小高い山間の道が入り組んでいるため、僕は何度も訪れているのに道に迷いがちで、「グルグル回って気づくと元いた場所に戻ってきた」なんていうことを繰り返しています。それだけアクセスや散策がやや難しいエリアなのですが、一般的にはバスなどでアクセスする人が多いと思うので、特に山間の奥を目指さない場合は、そこまで臆することもないでしょう。

この山間のうち、大屯山の火山帯由来の温泉が陽明山温泉です。

火山作用によって頻繁に発生する地熱による温泉で源泉は白鉱泉と青鉱泉。アクセスが少々難しい一方、日本統治時代には北投温泉、関子嶺温泉（P120）、四重渓温泉（P138）と並ぶ「台湾4大名泉」として人気を博した温泉地です。

主な温泉地区は陽明山公園、冷水坑、馬槽、子坪温泉の4スポット。モクモクと立つ湯けむりと、各所で湧出《ゆうしゅつ》する源泉を見学するのも楽しいですが、気軽な日帰り入浴を楽しむ場合は、陽明山公園の前山公園内にある「前山公園公共温泉浴池」へ行くと良いでしょう。近くに「国際大旅館」という渋い温泉ホテルがあり、ここでもビリビリするほどのかなり濃厚な硫黄泉を楽しめますが、もちろん有料。「前山公園公共温泉浴池」は無料で利用でき、気軽に日帰り入浴ができるうえにローカルな雰囲気も楽しめるのでオススメはこちらです。

来訪時、土曜日の日中だったこともあり前山公園内では、多くの人たちが森林浴

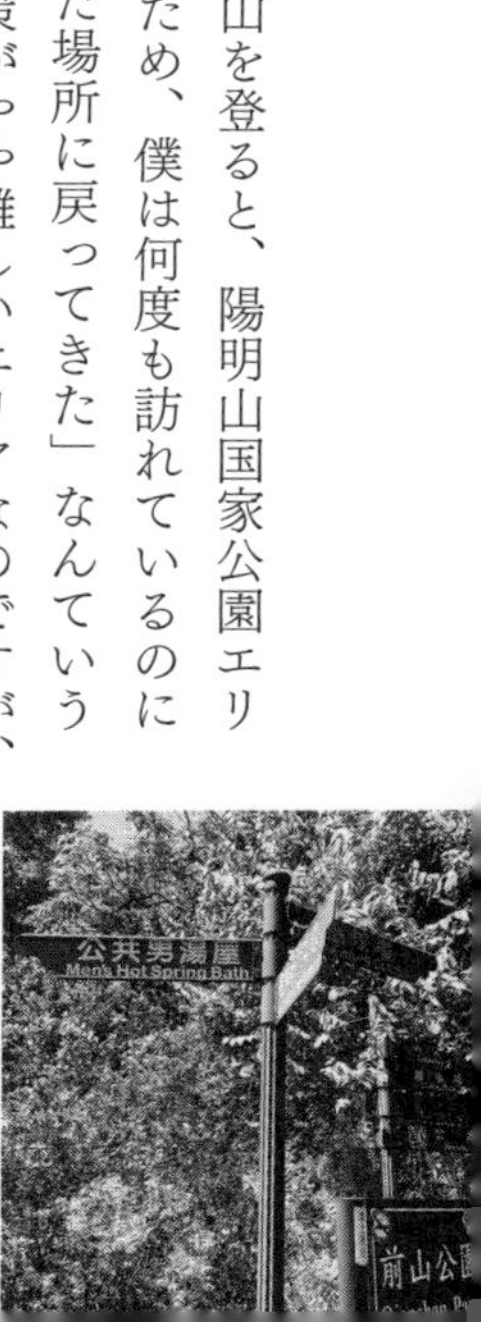

♨名称……陽明山温泉（ヤンミンシャン・ウェンチュエン）
♨アクセス……陽明山バスターミナルから徒歩約15分
♨泉質……白鉱泉、青鉱泉
♨PH値……8・8
♨泉温……40〜90℃

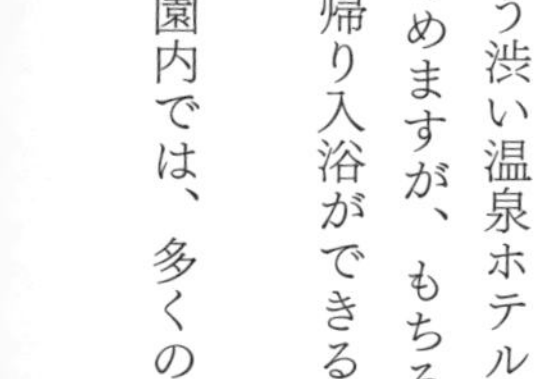

「国際大旅館」
台北市陽明山湖山路一段7号

前山公園の様子。多くの人たちがのんびりくつろぐ様子から、台湾人の穏やかさを感じます。

前山公園の一角にある四角い池。白濁した温泉が湧き出ており、ちょうど良い湯加減ですが、「足湯」してはいけないのか池の周りにバーが立てられ近寄れないようになっています。

を楽しむようにベンチなどに座り、のんびりくつろいでいました。

台湾人は性格アツめでテンション高め、ギラギラしたネオンが大好きな人が多い先入観を抱きがちですが、公園などで風にあたってのんびり過ごすことを好む人は意外と多いです。この様子がとても豊かでのんびりしており、見ているだけでなんだかほっこりします。改めて台湾人の穏やかな気質を見た気持ちになりました。

浸かっている人は皆、険しそうな表情で無言……

そんなのんびりした空気が漂う前山公園の中心部の、小さな湖の近くに突然UFOのような円形の建物が現れます。これが「前山公園公共温泉浴池」です。男女別の公共浴場で、1日3回の「お掃除」の時間を挟みますが、開放時間は朝6時から18時30分頃までと長いのが旅行者にとってはありがたいです。台湾の各温泉地には少ないながらもこういった無料の公共浴場があり、金山温泉（P044）にも同様のスタイルの施設が複数あります。

さっそく中に入るといきなり浴室になっており、強く鼻腔をつく濃厚な硫黄の香りと、浴槽の白濁した温泉を見て自ずと気分が高揚します。

「いきなり浴室」なので十分な脱衣所などはなく、本来は浴室内のロッカーに荷物を置き服を脱いで入浴する仕組みですが、僕が訪れた際は土曜日だったことから多くのオジサン、オジイサンでごった返しており、まさに芋洗い状態。ロッカーがいっ

「前山公園公共温泉浴池」
台北市陽明山前山公園内

前山公園の少し谷になった場所に小さな湖があり、その傍らにUFOのような公衆浴場があります。

「前山公園公共温泉浴池」の入り口。この奥に入ると、いきなり浴室があり、まさに芋洗い状態で地元の皆さんが濃厚な硫黄泉に浸かっていました。

ぱいでほとんどの人が「濡れなそうな場所」に荷物を置いていました。もちろん僕もそれを真似て服を脱ぎ、体をきれいに洗った後、湯船に浸かることにしました。

本音では紗帽谷温泉の『舟唄』のような楽しい展開を期待していましたが、なぜかここで浸かるオジサン、オジイサンたちは皆無言。台湾では知らない人とも談笑しすぐに友達になったりするものですが、皆さん険しい表情で腕を組んで浸かっており、少々の緊張感さえ漂います。

「無料なんだから、喋ったりニコニコ入ってねぇで、サッサと浸かってサッサと帰るのがルール！」と利用者の誰もが思っているようにも感じるほどの独特の雰囲気です。気づくと僕も腕を組み、全然見たいわけでもない浴室内の一点を険しい表情で見つめながら温泉に浸かる……みたいなポーズになりました。

しかし、この温泉がかなり濃いめのビリビリ硫黄泉で、浸かっていると体のあちこちのコリがどんどんほぐれていくように感じます。長時間の入浴を続けていると湯あたりしそうに思うほどで、複数回温泉から上がってしばらくしてまた浸かるを繰り返し、硫黄の香りを体にプンプンさせながら「前山公園公共温泉浴池」を後にしました。

再び公園を歩くと、行きがけに見た人たちが、まだのんびりと風にあたりくつろいでいました。今度、この公共浴場を訪れるときは温泉の湯上がりにこんなふうにベンチでくつろぐのも良いなと思いました。

台湾史を物語る温泉施設から憩いの公共浴場まで。海底から湧出した名泉——【新北・金山温泉】

台北市内からの日帰り旅に超オススメの金山

台北をグルッと囲むようにあるドーナツ状の新北。南北ではまるで風土が異なるエリアですが、各所には風光明媚な観光スポットや名所もあり、台北からの日帰り旅にオススメしたい場所がいくつもあります。

そのうちの一つが金山です。ちょうど台湾本島のてっぺんから右側にクイッと曲がったところにある街で、大半の旅行者は台北駅付近から一度淡水または基隆に出て、そこからバスでアクセスします。僕は淡水からのバスで金山まで約50分移動するコースが好きで、北海岸という海岸線を走りながらの景色が実に心地良く、移動がそのまま観光になると思っています。初めて訪れたときに眼前に広がるきれいな海岸を見て「台湾はやはり海に囲まれているのだ」と感激したことを覚えています。

そんな景色を堪能しながら辿り着く金山の中心部には清の時代から続く小さな老街があります。この中の金包里広安宮という廟には、名物の鴨肉の専門店が合体しており、多くの人がフニャフニャの焼きそば（これが美味しい）と一緒に鴨肉を一心不乱に食べています。

名称……金山温泉（ジンシャン・ウェンチュエン）
アクセス……MRT・淡水駅からバスで約50分
泉質……海底温泉、炭酸泉、硫黄泉、鉄泉など
PH値……6・6
泉温……約120℃

また、中心部から山のほうに行ったエリアにはテレサ・テンのお墓があったり、さらに基隆方面に足を伸ばせば、ひと昔前の台湾のガイドブックの写真としてよく使われていた野柳地質自然景観公園などもあります。

金山エリアには大小様々な温泉施設がある

そして、ここ金山で無視できないのが他でもない温泉です。

古くから硫黄泉が湧出したことで温泉文化が根付いたと言われ、付近には庶民的な温泉旅館や温泉ホテルが各所にあります。台湾全体で見ても、そう多くない公共浴場が3つもある他、かつては「金山青年活動中心」という施設があり、この中に「500人以上が一度に浸かれる東アジア最大級の温泉施設」と言われた巨大温泉プールもありました。残念なことにこの施設は2023年に政治上のゴタゴタで営業をいったん終了してしまいましたが、このように様々な温泉施設があるのも金山の特長と言って良いでしょう。

台湾の歴史をそのまま示す日本統治時代の元招待所

そんな金山で最も重要な施設は「旧金山総督温泉」というところです。日本統治時代の1939年に建設された施設で、当時は台湾総督府の貴賓の招待所だったと

日本統治時代の台湾総督府の招待所というだけあって、今も荘厳な趣きがある「旧金山総督温泉」

複数ある浴槽はいずれも常時スタッフがきれいに掃除をし、大切な温泉施設を守り抜いていることがよくわかります。

いう歴史深い施設です。

第二次世界大戦後、日本が撤退した後に国民党がここに駐留し、どういうわけか源泉が国民党によって閉鎖させられました。その後、国民党軍が撤収し施設は長らく野放しに。しかし、2000年以降にリノベーションを果たし、再び息を吹き返すことになったという、日本統治時代以降の「台湾の複雑な歴史」をそのまま物語る温泉施設です。

「旧金山総督温泉」は前述の老街を出て700メートルほどの坂を上った海沿いにあり源泉は海底温泉。陽明山温泉の源泉でもある大屯山の火山帯由来の硫黄泉が金山付近の海底に流れ、岩層と混じって海底から湧き出たかなり珍しい源泉です。

一方、この海底温泉の他にも炭酸泉、硫黄泉など複数の源泉があり、様々な温泉を楽しめるのも良いところ。混浴露天風呂の他、太平洋を眺められる風呂、室内風呂などもあり、こちらもまた家族連れでも貴重な温泉を楽しめるはずです。

僕は台湾旅で紗帽谷温泉と金山温泉を毎度日中に訪れますが、ローカルな街・金山ということもあってか、実は過去一度も「旧金山総督温泉」で他のお客さんと鉢合わせたことがありません。

温泉に浸かりながら太平洋を眺めていると日本統治時代以降の台湾の歴史、今の台湾が迫られている事情に思いを馳せついシリアスな気持ちになりますが、そんなときでもスタッフの皆さんはいつもニコニコお掃除。僕が1階の茶色い温泉に浸かっていると、「パイセー（すみません）」と言い湯船に落ちた枯葉などを網ですくっ

「旧金山総督温泉」
新北市金山区豊漁里民生路196号

てくれます。

また、いつも受付にいる、少し明るくて優しいお姉さんも数十分ほどで温泉を後にしようとすると笑顔で「あれもう帰っちゃうの？ ちゃんと浸かれた？ バイバイ」と声をかけてくれます。お姉さんの声がけから「バイバイ」までのスピードは結構早くて「もう少し話しましょうよ」と思うのですが、こんな小さな一言が旅行者にとってはやけに嬉しいものです。

「旧金山総督温泉」の目の前の公共浴場は地元の人たちの憩いの場

「旧金山総督温泉」を出ると目の前に広い無料の駐車場があります。僕はいつもレンタカーをここに停めて温泉に浸かるのですが、今から10年ほど前、レンタカーに戻って帰ろうとしたところ、駐車場の先の小屋からオバサンたちがゲラゲラ笑う声が聞こえてきました。

よく見るとその小屋は「豊漁社区温泉浴室」という無料の公共浴場。男女別の温泉施設で、僕はそのまま入ってみることにしました。「前山公園公共温泉浴池」(P041)を小さくしたような施設で、中に入るといきなり浴室というタイプ。壁についているフックに荷物をぶら下げて入る仕組みのようです。

見知らぬ中年の僕を、常連とおぼしきオジサンたち10人ほどが全員で見てきます。そしてそのうちの一人のオジサンから台湾語で何やら声をかけられましたが、「ご

「豊漁社区温泉浴室」
新北市金山区豊漁社区水尾停車場内

「旧金山総督温泉」目の前の駐車場の一角にある「豊漁社区温泉浴室」。地元の人たちの憩いの場です。

開放時は、真ん中の浴槽に温泉が張られます。周囲のホースからお湯または水が出る仕組み。

めんなさい。台湾語はわからないんです。私は日本人です」と下手クソな中国語で返すと、オジサンは「おぉ、ジップンラン（日本人）」と珍しそうに言い、他の人たちも伝言するように小声で「ジップンラン」「ジップンラン」と言い合っています。

オジサンたちは突然現れたフルチンのジップンラン（僕）を遠巻きに見ています。なんだかこそばゆいので思い切って近くのオジサンに「どうやって入るのが正しいか」と尋ねると、オジサンは身振り手振りで「このホースは水出る！」「このホースはお湯出る！」と親切に教えてくれました。そして、最後はオジサン自らガニ股になり「そしてシモを洗う！」ポーズ。言われた通りにまずシモを洗うと、オジサンたちは皆笑顔で小さくうなずいてくれました。

「豊漁社区温泉浴室」の浴槽は真ん中に一つ。硫黄泉のようですが、いわゆる白濁した硫黄ではなく少しヌメっとした半透明。「旧金山総督温泉」の泉質ともまた違う感じで、大屯山由来の海底温泉というイメージは、こちらのほうが納得できる感じがします。

「オジサンたちと何か楽しい話ができるかな」と期待しながら僕も浴槽に浸かりましたが、以降のオジサンたちは全員無言。オジサンたちは静かに僕に注目しながらも、しかし言葉が通じないことで「どう接したら良いかわからない」様子です。

せっかくの地元の人たちの憩いの時間を奪ってしまったようで申し訳なく、そそくさと湯船を出て着替えて帰ることにしました。帰り際、オジサンたちにお礼を言うと皆さん笑顔で「ありがと」「さよなら」と見送ってくれました。

入浴前に大音量のホイットニー・ヒューストンを一聴。弱アルカリ性の炭酸泉――【新北・烏来温泉】

金山温泉は新北の最北部にありますが、その真逆で、新北の南部の山間部にあるのが烏来温泉です。古くから台湾原住民・タイヤル族が暮らし、タイヤル語で「温泉」を指す「Ｗｕｒａｉ」がそのまま地名になったという台湾北部有数の温泉スポットです。

温泉に加えて必ず訪れて欲しい「高砂義勇隊慰霊碑」

他方、烏来には第二次世界大戦中に日本軍兵として日本人と力を合わせて戦った台湾原住民による部隊「高砂義勇隊」の英霊を祀《まつ》る慰霊碑があります。「高砂義勇隊」のストーリーは今日まで続く台湾と日本の強い絆を表すものの一つで、烏来もまた台湾の歴史を知る上で重要な場所です。主観も含めたこのストーリーを語ろうとすると一冊では収まらなくなるので、ここでは多く触れませんが、日本人旅行者が烏来に赴く際は、温泉に加えてこの慰霊碑もぜひセットで訪れて欲しいです。

そんな烏来ですが、アクセスは超簡単。台北駅からＭＲＴで１本の新店駅まで出向き、駅前からバスに乗り換えるだけです。ただし、この利便性の良さがゆえ、土日は観光客が多く、また温泉施設やレストランは総じて高めなのが少し残念です。

名称……烏来温泉（ウーライ・ウェンチュエン）
アクセス……ＭＲＴ・新店駅からバスで30～50分
泉質……弱アルカリ性炭酸水素ナトリウム泉
ＰＨ値……７・４
泉温……約80℃

かつては烏来中心部を流れる川・南勢渓の岸辺に無料で入浴できる露天風呂があり、台湾人と交流を深めることができる最高のスポットだったのですが、２０１７年に新北市が撤去してしまいました。

そのため、温泉に浸かる場合はどこかの温泉ホテルの日帰りか宿泊を利用しなければいけなくなり、個人的にこれもまた残念に思い、近年は足が遠のいていたのですが、今回この本の取材も兼ねて久しぶりに行ってみることにしました。

少々高めだが、余裕があれば食べるべき原住民料理

烏来行きのバスで終点まで行き、降りてすぐに小さな老街があります。他の地域の老街は地元に根付いたローカルな雰囲気が漂いますが、烏来の老街は完全に観光地化されており、原住民料理を出すレストラン、お土産屋さん、コンビニエンスストアなどが軒を連ねます。レストランはやや高めですが、台北市内で原住民料理を口にできる機会は限られますので烏来来訪の記念として入ってみると良いでしょう。前述の南勢渓を眺めながら食事できる店も多く、烏来の雰囲気を楽しめるはずです。

肝心の温泉ホテルは烏来老街を抜けてすぐの攬勝大橋を渡った向こうに多くあります。この橋に辿り着くまで、今回僕はどの施設に入るかは決めていませんでしたが、「なんとなく地元の人が行くところが良いな」と、いくつかの建物を橋の上から眺めていると、ある古そうなビルが目に止まりました。

バスを降りて、そのまま真っ直ぐ歩くとすぐに烏来老街があります。観光地化されており、原住民料理を出すお店やお土産屋さんなどが軒を連ねています。原住民料理の定番「竹筒飯」、大きな葉っぱで包まれたちまき、山間部で採れるハーブと一緒に炒められた魚介や肉などをいただけます。

烏来老街を抜けた先にある橋・攬勝大橋。この橋を渡った先に温泉施設が点在しています。また、橋のすぐ先にはトロッコ乗り場があり、トロッコに乗って近隣の山間を散策することもできます。

川沿いの古いビルに窓が廃されたフロアがあり、目をこらしてみると……。

水泳帽を被った女性や、くつろぐ男性の姿が確認され、確かにそこには温泉があるようです。

そのビルの１フロアは窓が廃され、どうも男女混浴の温泉の浴槽がある様子。水泳帽を被り水着を着たいかにも地元っぽいオジサン・オバサンたちが集ってくつろいでいます。また、後から来た人に手を振る様子なども確認できます。この古そうなビルは、かつて存在した無料露天風呂のすぐ近くでもあり、もしかしたらその代替的な温泉施設なのかもしれません。急にテンションが上がり向かってみることにしました。

しかし、そのビルの階段を下り、先ほど見たフロアと思しき階の入り口に回っても鍵がかかっていて開きません。ノックしても誰も出てきません。ここで誰か出てきてくれたらその温泉の真相がわかり、そして運良く浸かることができると期待しましたが、結局は何がなんだかわかりませんでした。想像では、地元の組合員みたいな人たちだけに開放されている施設で、皆さん合鍵で出入りしているのではないかと思われました。

残念！　でもこれもまた台湾。台湾では予定通りにいかないことはよくあり、想定していなかった楽しみもまたあるもの。ここは気を取り直して別の温泉を探すことにしました。

温泉施設でいきなり聴かされた大音量のホイットニー・ヒューストン

しばし付近を巡ってみましたが、この日の気温は35℃。森林の湿気も手伝い、と

鍵がかかっており、ノックしても誰も出てきませんでしたが、扉の向こうでは確かに地元の人たちが温泉入浴を楽しんでいる様子でした

にかく蒸し暑くて、一刻も早くひとっ風呂浴びたいところ。「近くで、値段がそこそこならどこでも良い」と頭を切り替え、前述のビルの数軒隣にある「烏来水岸温泉」という温泉施設に入ることにしました。外観は日本の80年代リゾートホテル風で僕的には好きなタイプです。

エントランスはとてもきれいですが、受付に人がいません。一方、ロビーには温泉とも烏来とも関係なく大音量でホイットニー・ヒューストンが流れています。その大音量につられロビーのほうに目を向けると、巨大なオーディオセットを前に何やら感慨にふけるオーナーとおぼしき長髪の男性がいました。

男性は、客よりもこのオーディオに夢中の様子で、「温泉入るの？　別に良いけど、お茶出すから一緒に音楽聴いてからにしない？」と僕をオーディオの前に招き、親切にお茶とお菓子を出してくれました。

大音量のホイットニー・ヒューストンを前に、男性はときどき目をつむり耳を澄ませ、おそらくはオーディオの音質のバランスを確認しています。

ここで僕が中国語が喋れたり、オーディオに興味があったり、ホイットニー・ヒューストンが好きであれば話が弾むのでしょうが、いずれも疎くてダメ。また、仮に会話できたとしても、ホイットニー・ヒューストンが大声で歌っているのでこれもたぶんダメ。男性と一緒にただただホイットニー・ヒューストンを聴くしかなく、所在なくポットのお茶を何度も湯呑みに注ぐという謎の時間が流れました。

僕は温泉に入れるのだろうか……だんだん不安になってきたところで、男性は音

「烏来水岸温泉」
新北市烏来区温泉街39号

「烏来水岸温泉」のロビー。巨大なオーディオセットがあり、訪れた際には大音量のホイットニー・ヒューストンが流れており、入浴前にこれを聴きながらお茶をいただくことに。

親切な男性が淹れてくれたお茶とお菓子。しかし、「大音量のホイットニー・ヒューストンの時間」がなかなか終わらず、温泉に入れてくれるかどうかいよいよ不安になってきました。

質に納得ができたのか、思い出したようにムクッと立ち上がり、ようやく僕を受け付けてくれ地下の風呂場へと案内してくれました。

弱アルカリ性炭酸水素ナトリウム泉の心地良さについウトウト……

地下には複数の風呂部屋があり、各室とも日本で言うところの「家族風呂」のような造り。台湾の温泉施設では結構あるタイプですが、とてもきれいで衛生的。先ほどの男性はその1室を使うようにと言い、さらに「1時間で出てね」と念押ししてロビーのオーディオへと戻っていきました。

浴室もまた管理が行き届いています。肝心の浴槽は2つ。片方に水を張り、もう片方に温泉を張って交互浴もできる十分な施設でした。あれだけ繊細にオーディオにこだわる男性なので、衛生面や設備にも抜かりがないのだと思いました。

烏来温泉の源泉は弱アルカリ性炭酸水素ナトリウム泉。その貴重な温泉を少しヌルめに浴槽にジャンジャン張り、浸かると体の芯までポカポカしてきます。地下なので窓がないのが少々残念ですが、このような個室の風呂部屋で、誰とも喋らずジッと温泉だけを満喫するのも良いなと思いました。

それほどキツくない泉質が気持ち良く、浸かっているうちにウトウト。もしかすると、先ほど浴びるように聴いたホイットニー・ヒューストンの癒しの効果もあったのかもしれませんが、つい長湯してしまい「1時間で」というところを10分ほど

「烏来水岸温泉」の地下の複数の風呂部屋。とても衛生的で、台湾の温泉が初めての人でも安心して利用できることでしょう。

2つある浴槽をうまく使い分ければ交互浴もできます。ヌルめに調整した温泉の、あまりの気持ち良さについウトウトと居眠りしてしまいました。

オーバーしてしまいました。ヤベ、追加料金取られるかも……と思いながら1階に上がっていくと、男性はまたもオーディオの前で、先ほどとは違うホイットニー・ヒューストンを大音量で聴いていました。

少し大きな声で「ごめんなさい。時間を少しオーバーしてしまいました」と下手クソな中国語で伝えると「大丈夫。問題ないよ」と男性は笑顔で返してくれました。「親切な人」と喜んだのも束の間、男性はすぐにまたオーディオのほうに顔をプイッ。お礼を言い施設を後にしました。読者の方の中にどれだけそういう人がいるかはわかりませんが、「台湾」「温泉」「オーディオ」「ホイットニー・ヒューストン」にもれなく造詣《ぞうけい》がある人にはかなりオススメの施設です。

注目を浴びる桃園の山岳部「小烏来」に開かれた無色透明の「美人の湯」――【桃園・羅浮温泉】

実は多彩なスポットが点在する桃園

台湾北西部の桃園。ご存知の通り国際空港があるエリアです。

初めて台湾を訪れワクワクしながら空港周辺を目にすると、「空港以外何もないところ」と感じるかもしれません。確かに空港周辺には「ＥＶＥＲＧＲＥＥＮ」と大きく書かれたコンテナ輸送会社や、巨大タンクが並ぶ工場が目に入るだけで、僕も当初はそんな印象を抱いていました。しかし、これは空港周辺に限ってのこと。桃園には多彩な観光スポットが点在しており、台湾人の日帰り散策などで人気の場所も多くあります。

絶品の海鮮を味わえる漁港、潮間帯の神秘が美しい海岸、きれいな灯台、のんびり散策できる農場などがあります。また、中心部に注目すれば桃園観光夜市や中歴観光夜市などの巨大夜市を筆頭に、各所に大小賑やかな夜市が立ちます。さらに南東の山のほうを目指せば、台湾北部で暮らす人たちの日帰り観光の定番スポット、石門水庫（ダム）があり、さらに奥の山間部には台湾原住民の文化が根付く名所が点在しています。

もちろん、温泉もあります。羅浮温泉という近年開かれたところです。公共交通機関での羅浮温泉へのアクセスはかなり困難で、現地の観光ツアーに参加するか、レンタカーでの自走、または桃園の中心部からのタクシーチャーターで訪れるのが現実的です。

桃園中心部からの所要時間は約1時間ほどですが、道中どんどん変わっていく景色も楽しく、「桃園にもこんなに風光明媚な場所があるのか」と感じられる貴重なスポットであることは間違いありません。

♨名称……羅浮温泉（ルオフー・ウェンチュエン）
♨アクセス……桃園中心部よりタクシーまたはレンタカーなどで約1時間
♨泉質……炭酸水素塩泉
♨PH値……8～9
♨泉温……約37℃

映画『セデック・バレ』のロケ地で地元の原住民文化にも注目が

羅浮が一般に注目されるようになったのは、ここ数年のこと。2018年に地元に「羅浮泰雅故事公園」が誕生し、この公園に併設する形で「羅浮温泉湯池」が設立されました。台湾の大ヒット映画『セデック・バレ』のロケ地が近隣にあること、同映画をきっかけにした原住民文化への再評価と合わせて注目され始め、このように続々と新施設が作られたのではないかと僕は見ています。

また、「台湾北部の観光地の一つ」として確立されている烏来に対し、羅浮エリアは古くから「小烏来」という呼び名でも知られる烏来に負けずとも劣らない風光明媚な自然を感じられるスポットでもあります。

個人的には、アクセス難ではあるものの「台湾の深い自然」を求めるのであれば羅浮のほうが壮大に感じられると思うので、小烏来という呼称はちょっと控えめな印象も受けます。

「羅浮温泉湯池」の駐車場問題

実はここ羅浮唯一の温泉施設「羅浮温泉湯池」に、僕は2度アクセスをしたことがあります。一度目は台北からレンタカーで1時間半かけてフラッと訪れました。「羅浮温泉湯池」には駐車場がなく、近隣の土地で開放されているスペースにレンタカーを停める必要があるのですが、ここで1時間100元（台湾元）という少々高めの駐車料金を払い停めました。

このとき駐車場の管理人が一瞬、不自然な笑顔を浮かべ、「天候の話」などを僕にアレコレと話しかけてきました。

当初は「明るい人だな」と思う程度でしたが、レンタカーを停め肝心の「羅浮温泉湯池」に向かうと、なんとこの日は臨時休業中。「さっきの天候の話は、施設の休業に気づかせないためだったのか」と後になって思いましたが、泣く泣く100元を払い5分足らずでここを後にし、前述の「小烏来」の名所を巡って帰ってきました。台湾、特に山間部ではこういう経験はほとんどなかったため、少し残念に思いました。

そして2024年6月に再訪。このときは事前に電話で問い合わせて営業を確認してからアクセスしました。もちろん前回の駐車場には停めず、施設目の前にあるカフェ（僕が行った際は、カフェ利用者は駐車場利用無料）を利用しました。カフェの派手な髪のお兄さんは陽気で優しい人。レンタカーで訪れる場合は、このカフェを利用し駐車することをオススメします。

親切で心優しいタイヤル族の若手スタッフたち

さて、肝心の「羅浮温泉湯池」ですが、誕生して数年ということもあり、施設が

「羅浮温泉湯池」
桃園市復興区羅浮里5隣140-1号

わずか5分停車で100元払って後にした駐車場

「羅浮温泉湯池」の受付。スタッフの女の子に「写真撮らせて」とお願いすると、恥ずかしそうに逃げて行きましたが、冷やかす別のスタッフに連れ戻され撮影させてくれました。

タイヤル族の立体的な壁画がある「羅浮温泉湯池」のトイレと更衣室の入り口。

とにかくきれいで衛生的。タイヤル族のベストを身にまとった複数の若いスタッフが働いていて、皆さん親切に対応してくれます。

僕が行った際、スタッフの長兄的な存在とおぼしき男性が「日本人？　初めて？　使い方わかる？　台湾の温泉入ったことある？」と親切に更衣室までついてきてくれて使い方などを細やかに教えてくれました。

他の原住民に接したときにもよく思うことですが、原住民の若者はピュアな性格の人が多い一方、総じて相手の立場に立つような大人なコミュニケーションを取れる人が多いイメージもあります。

この点、特に日本人のオッサンは負けているように感じます。シャイで気弱な割に、いざとなると自分の話ばかりしかしなかったりして。若くても立派で心優しい原住民と接するたび、オッサンの僕も学ばなくちゃと思うばかりです。

軽めにも感じる心地良い温泉でも長湯には要注意

羅浮温泉の泉質は炭酸水素塩泉。台湾の山岳部によくある「美人の湯」と評されるもの。ロッカーで服を脱ぎ、かけ湯をした後、さっそく浸かってみました。

透明で軽めの印象にも感じる一方、確実に濃厚な温泉でもあり、すぐに体がぽかぽかと温まりました。「良い湯」と感激。一度はフラれたもののやはり来て良かったと思いました。

「羅浮温泉湯池」のSPA池。軽めにも感じる温泉の質感と、程よい湯加減でつい長湯してしまいそうになりますが、長湯は禁物のようにも思いました。適度な休憩を挟んで浸かるのが良さそうです。

こちらは水深30cmほどの児童池。お子さん連れでの利用も楽しそうです。

ただし、特に温度低めの浴槽での長湯には要注意。口当たりの良い酒を飲みすぎると後で立てなくなったりするのと同じで、この軽めに感じるお湯に油断し浸かりすぎると、後で湯当たりしそうにも思います。そのため、きちんと時間を測るなどし休憩を挟みつつ浸かるのがベターだと思いました。

また、こういった入浴と休憩を頻繁に挟む場合、各所の温泉施設によっては客が多かったり、狭かったりしてやりにくいところもありますが、この点でも「羅浮温泉湯池」は利点があります。

まず施設が広いこと、そして前述のようなアクセス難もあり、平日の昼間であれば現状では客も少ないはずで温泉の出たり入ったりがしやすいと思います。入浴の休憩の間、他の客やスタッフと談笑するもヨシ。あらかじめ弁当などを持参して半日をのんびり過ごすのもヨシ。

このように客にとっての自由度が高いのも「羅浮温泉湯池」の利点だと思いました。北投温泉の「北投温泉親水公園露天温泉」の「あれダメこれダメ」とは真逆のように感じます。つまり、観光地化された温泉エリアとは違うゆるぽかな体験ができることでしょう。

まだ一般的には知名度低めの羅浮温泉ですが、羅浮エリアへの注目度がこれからさらに高まれば、当然「羅浮温泉湯池」も人気を博すことになるでしょう。アクセスは少々難しいですが、台湾ファン、温泉ファンの方にはぜひとも訪れて欲しいスポットです。

酷道を走ること約2時間で辿り着いた日本統治時代の「井上温泉」――【新竹・清泉温泉】

アクセス難の温泉が存在する新竹

桃園の南に隣接する新竹。「台湾で最も客家人が多い」と言われ台湾グルメの聖地的な見方をされることが多い一方、温泉も複数あります。山深い尖石郷にある秀巒温泉、内湾という街からアクセスできる天然谷温泉などが知られていますが、いずれの温泉地もアクセスが困難なことが特徴です。

そんな新竹に点在する温泉のうち、比較的アクセスしやすい（？）のが五峰郷という山深いエリアにある清泉温泉。

ただし、台鉄・竹東駅から1キロほどの場所にあるバスターミナルに移動し、そこからバスに乗り約1時間ほどの時間を要するため、往復では半日以上の時間がかかると思っておいたほうが良いでしょう。

今回僕がレンタカー自走で思ったことですが、清泉温泉までの山間の道路はカーブが続く一方で道幅が狭く、まさに「酷道」と呼ぶに相応しい道路でした。ネットで「世界で最も危ない道の一つ」とも呼ばれる南投と花蓮を結ぶ中部横貫公路よりもはるかに運転が難しい印象で、事故などが起きた際は通行止めになることが予想

♨名称……清泉温泉（チンチェン・ウェンチュエン）
♨アクセス……台鉄・竹東エリアからバスで約1時間
♨泉質……炭酸水素塩泉
♨PH値……7・7
♨泉温……約80℃

されます。

実際、今回も途中で僕のクルマの前を走っていた大型車両が道路を通れなくなったようで一時ストップ。１時間ほど立ち往生となりました。開通までの時間、前後の台湾人ドライバーと談笑したりと退屈はしませんでしたが、それだけ清泉温泉までの道は「予定通りにはいかないことがある」ということを理解した上でアクセスするようにしてください。

日本統治時代に「井上温泉」の名で親しまれた清泉温泉

さて、その清泉温泉ですが、日本統治時代に「井上温泉」という名で親しまれた温泉地で、羅浮温泉（Ｐ０６０）と同様の炭酸水素塩泉が源泉。また、１９３６年に当時の中華民国長安県（現在の中国・西安市）で起きた西安事件の犯人・張学良が、日本が台湾から撤退した後、この地の診療所跡に軟禁されていたことでも知られており、今も「張学良故居」として遺っています。

前述の通り、途中道路が通行できなくなったりしましたが、新竹の中心部から片道2時間ほどをレンタカーで走り、ようやく清泉温泉エリアにアクセスできました。

コンビニエンスストアや商店などはまったく見つからず、唯一あるのが駐車場付近のテントの食堂。また事前に調べたところ、付近の温泉旅館などが閉業・再営業を繰り返しているという情報がありましたが、来訪時はどこも閉業中でした。その

1時間ほど立ち往生となった酷道

唯一やっていた清泉温泉の「将軍湯」。常駐スタッフがいない足湯のみの施設です。

先客のカップルはずっとこのポーズ。真似してみましたが、結構辛くて僕にはスマートフォンを見る余裕は持てませんでした。

ため飲み物やタオルなどは事前に準備しておくほうが良いと思いました。

また、楽しみにしていた「張学良故居」も閉業中で唯一利用できたのが「張学良故居」向かいの「将軍湯」という足湯のみ。ここまで片道2時間かけて来たことを考えればとても残念に思いましたが、台湾の特に山岳部ではこういった「行ったは良いけどなくなっていた」「定休日でもないのにやっていなかった」ということは珍しくありません。

仕方ないと素直に「将軍湯」の足湯に浸かることにしました。受付はなく野放しにも映る「将軍湯」ですが、とても衛生的で優しい湯ざわり。柔らかく包み込むように足を温めてくれます。ただし、その湯温は40℃ほどと高めで、先客のカップルもこの温度がやはり熱いのか、しばし足を浮かせたまま、お互いにまったく会話をせずずっとスマートフォンを見ていました。僕もカップルにならい「足を浮かせるポーズ」をやってみましたが、結構辛くて、この状態でスマートフォンを見る余裕は持てませんでした。結果、足を浸からせては数分で足をあげ、冷めたところでまた足を入れるという足湯の交互浴をしました。

たったこれだけを体験し、また険しい道を自走で戻りましたが、正直、相当な台湾ファン、温泉ファンでない限りはオススメしにくい温泉ではあります。他の場所へ移動するにしても、またあの酷道を戻る必要があるため「どうしても行ってみたい」という人は、これもまた相応の覚悟を持ち直近の情報を調べた上でアクセスするようにしてください。

「張学良故居」
「将軍湯」
新竹県五峰郷桃山村164号

夏場にオススメ！ 台湾の冷泉４選

地中から湧き出る特殊な物質を含む鉱泉が「温泉」ですが、２００５年発表の台湾の温泉法による標準定義では、温泉を名乗る場合、その湧き出し口の穴の水温が30℃以上であることとされています。

また、それ以下の水温のものは「冷泉」とすると示されていますが、台湾各所にはそう多くはないものの、この冷泉の名所も複数あります。冷泉は日本にもありますが、さほど注目度が高いとは言えません。一方、夏場は熱い台湾。冷泉は一定の支持を得ており、多くの人に温泉同様に親しまれています。ここでは台湾の冷泉のうち、特にオススメの４スポットを紹介します。

豊かな自然と古き良き客家文化が根付く町にある冷泉――【新竹・北埔冷泉】

「台湾北西部の冷泉」としてよく知られる新竹の北埔冷泉。北埔は新竹と苗栗にまたがる獅頭山の裾野にあり、豊かな自然と古き良き客家文化の両方を感じられるのどかなエリ

01

02

03

04

01 北埔冷泉を紹介するガイドブックなどで必ず使われる川の落差工。02 自由に浸かれる北埔冷泉の浴槽。03 管理は非常に行き届いており、来訪時もスタッフの方が掃除していました。04 大坪渓では正式には川で遊んではいけないルールになっています。

アですが、バスを乗り継ぐことでアクセス可能です。

大坪渓という穏やかな川の脇には道路があり、水着や浮き輪などを販売しています。その川を渡った向こう岸に冷泉に浸かれる大きな浴槽があります。無料で利用できる施設ですが、きちんと管理が行き届いており衛生的です。

夏場でも約15〜20℃、冬場は約10℃以下の水温で後述の台湾屈指の冷泉の街・蘇澳に比べ程よい水温なのも嬉しく、小さいお子さん連れで新竹界隈を巡る場合はぜひ訪れてほしいところです。ただし、周辺の川遊びは正式に禁止されています。緩やかな川であってもルールを守って浴槽のみの利用を心がけましょう。

また、北埔冷泉に来たら、近隣の北埔老街にも立ち寄ると良いでしょう。客家様式の家屋などが現存するほか、地域ならではの物産を扱う店も複数あります。さほど観光地化されていないこともあり、庶民的なリアル客家料理をいただける食堂も複数あります。

「台湾の冷泉」と言えばここ。ラムネも人気の淡麗冷泉——【宜蘭・蘇澳冷泉】

台湾人に「台湾の冷泉はどこにある?」と尋ねて、まず100パーセントに近い確率で返ってくる答えが「蘇澳」でしょう。台湾東北部・宜蘭の小さな街ですが、古くから鉱物資源が豊富で「台湾唯一」と言われる発泡性の炭酸カ

05 エリアで最も大きい「蘇澳冷泉公園」の様子。06 こちらはやや小ぶりながら人気の「阿里史冷泉」。07 各施設とも、特に夏場は地元の学生が受付のアルバイトをするのが通例とのこと。08 蘇澳はホテルが安く宿泊にも最適。静かな夜を過ごしたい際にぜひ。

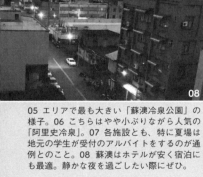

ルシウム泉が湧くことで知られています。

蘇澳冷泉には、日帰りで楽しめる複数のスポットがありますが、定番の2つを紹介します。1つは「蘇澳冷泉公園」。台鉄・蘇澳駅を降り、駅前の太平路をまっすぐ行き中山路を左折。さらにすぐのその名も冷泉路（新生路）を進んだ場所にあるところ。この辺りでは最も大きい公園風施設で、冷泉がかなり浅く張られているため、小さなお子さんでも安心して浸かり遊ぶことができます。

肝心の冷泉は細かい気泡がブクブクしており、水温は20℃前後という設定。しかし、体感はこの水温よりもはるかに冷たく感じます。

また、ここには冷えた体を温める温泉が出る個人風呂もあり、こちらもオススメ。公共施設である一方、シャワーなども完備されているので、まず不便はありません。

そして、もう1つが「阿里史冷泉」。「蘇澳冷泉公園」から程近い場所にある細長い冷泉施設で、こちらもまた地元で人気です。「蘇澳冷泉公園」同様、温泉の個人風呂があるので併せて利用してみると良さそうです。

この2つは定番ですが、他にもいくつかの冷泉施設があり、冷泉が出るホテルや民宿なども点在しています。また、蘇澳冷泉は「飲料」にも使え、各所で自慢の炭酸泉を使ったラムネなどを販売しています。機会があればぜひ飲んでみてください。


ちなみに僕は、時計回りで台湾をレンタカーで巡る際、ホテルが安めの蘇澳に宿を取ることがあります。夜は静かな街で夜市などもありません。しかし、そのローカルな雰囲気が逆に心地良く、静かにゆっくり休めるのが蘇澳の魅力だと思っています。

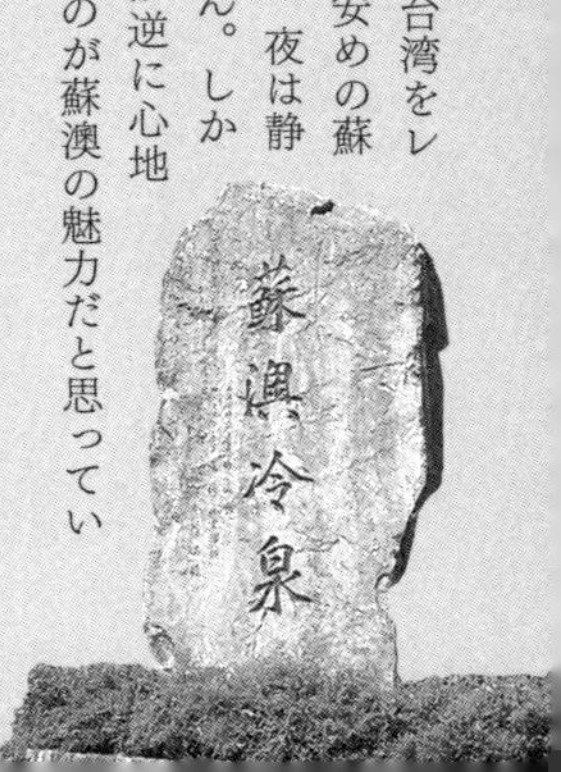

地元っ子御用達ののどかなローカル冷泉――【宜蘭・東岳冷泉】

日本人旅行者にはあまり知られていないものの、蘇澳から12キロほど南下した東澳エリアにある東岳冷泉（東澳冷泉とも）も地元では人気のスポットです。

「東岳冷泉公園」の中にある冷泉池はプール的な使われ方をされる地元っ子御用達の施設で、地元外の旅行者がここを目指すことはそう多くなさそうです。

しかし、だからこそ、地元の人たちとの触れ合いができるのが魅力でもあり、冷泉池の脇を時折通過する電車の音を聞けば、台湾に溶け込んだような気分になれるはず。

例年、おおむね6〜10月頃のみ開放されており、トイレや更衣室を完備。タオルや水着さえあれば誰でも無料で利用することができます。

09 夏場の土日は地元の子どもたちが集まる東岳冷泉。10 ただし平日は閑散としていることも。11 時折橋の上を通過する電車の音がいかにも台湾的。冷泉に浸かりながら耳にすれば地元に溶け込んだ気分に。12 土日はすぐ脇の小屋で軽食が楽しめます。

水深は約45～50センチ。小さなお子さんでも安心して楽しめる一方、水温は蘇澳冷泉よりもさらに低い16℃前後。蘇澳冷泉のように、別途温泉に浸かれるわけではないため、特にお子さん連れで利用する場合は、体を冷やし過ぎないよう注意して利用するようにしてください。

また、土日には公園内に飲食ブースもあるので、長時間を過ごすこともできますが、訪れる日時に必ず目当ての飲食ブースがあるとは限りません。心配な場合は事前にコンビニエンスストアや食堂で弁当や飲み物を用意して行くと良さそうです。

ローカルな雰囲気と貴重な冷泉の両方を楽しめるスポット。ぜひ近隣の散策と併せて訪れてみてください。

台湾イチアクセス難の離島・蘭嶼の海に湧く冷泉――【蘭嶼・野銀冷泉】

台湾には大きく分けて7つの離島があります。このうち、最もアクセスが難しく、僕が何度も来訪に失敗していたのが蘭嶼です。

飛行機またはフェリーでアクセスしますが、秋から春までは旅行者のアクセスが事実上困難なことに加え、特にフェリーの場合は海の天候の影響を受けやすく、個人的には過去15年で10回の上陸にトライし、2回しか渡航できなかったという苦い経験があります。そのうちの1回は、まだ蘭嶼の理解に乏しい頃のことで、「まぁ日帰りで帰ってくれば良いだろう」と向かったものの、天候不良でフェリーでの到着が大幅遅延。結果、約2時間半ほどで辿り着くことができたものの、帰りのフェリーの出港時間が1時間後。50分ほどの滞在で蘭嶼を後にし、また約2時間半ほどかけて帰ってきたという、なんとも虚しい経験がありました。

以降、8回ほど上陸を目指し、フェリーまたは飛行機の発着地である台東に訪れましたが、いずれもタイミングが悪く天候を理由にアクセスできませんでした。２０２３年の夏に14年ぶりに再訪を果たすことができました。

その蘭嶼で見つけた冷泉が野銀冷泉というところ。源泉は蘭嶼の丘陵地から湧き出たもので、この水が海岸に流れ、野銀海岸の窪地に集まり、周辺の岩に守られるような格好で、海水と入り混じった独特の冷泉が生まれ地元の人や旅行者に親しまれていると言います。

水深70センチほどの海沿いの冷泉ですが、底まで水が透き通って見え、台湾北部、あるいは日本にはいない熱帯ならではの海洋生物を観察できます。

僕はここで小魚から自然のドクターフィッシュ的な歓迎を受けましたが、ドクターフィッシュが苦手な人は肌を完全に覆う水着が必要ですし、周辺は岩でゴツゴツしているので素足はまず無理。浸かる場合は相応の履き物が必須です。これらの十分な準備をして訪れると良いでしょう。

また、野銀部落には「半分が地下で半分が地上」という「半地下式住居」もあります。冬は暖かく、夏は涼しく過ごせるようタオ族が生み出した独特の家屋です。野銀冷泉の来訪と合わせてぜひ見学に行くと良いでしょう。

13 蘭嶼は台湾原住民・タオ族が暮らす島です。14 海岸沿いの野銀冷泉の様子。15 岩場なので、相応の履き物を用意して浸かるようにしましょう。16 冷泉に浸かっていると、自然の小魚が足をつついてくることも。

第2章
台湾中部のゆるぽか温泉旅

2000年代以降に再注目されるようになった苗栗の隠れた名泉――【苗栗・泰安温泉】

派手な観光物件は少ないものの、だからこそ台湾らしさを持つエリア

新竹、台中と隣接する苗栗。正直、外国からの旅行者にとってわかりやすい派手な観光物件が乏しいエリアです。そのため地元の人に失礼と思いながらも、僕もいまだ苗栗の一部を新竹か台中とゴッチャにすることがあったり、あるいは「苗栗……まぁ今度でいいか」と度々素通りしてきたエリアでもあります。

しかし、派手な観光物件が少なく多くの外来者が訪れないことで、「だからこそ」の古き良き台湾の景色が今も残り続けるエリアでもあります。台湾ファンの間では「むしろ苗栗が一番台湾らしい地域だ」と評されることもあるほど。また、台湾人の間では苗栗エリア内各地の観光は一定の人気があり、例年のべ650万人が訪れるとも言われています。

2014年以降、僕は「徹底的に苗栗を見て回ろう」と思い立ち、度々エリア内をレンタカーで巡っていますが、各所の空気、優しく接してくれた地元の人たちを前にそこはかとない安心感を覚えます。言葉にすると簡単な表現になってしまいますが、それだけ穏やかで温かい空気があるのが苗栗です。台湾中を一通り巡ったら、

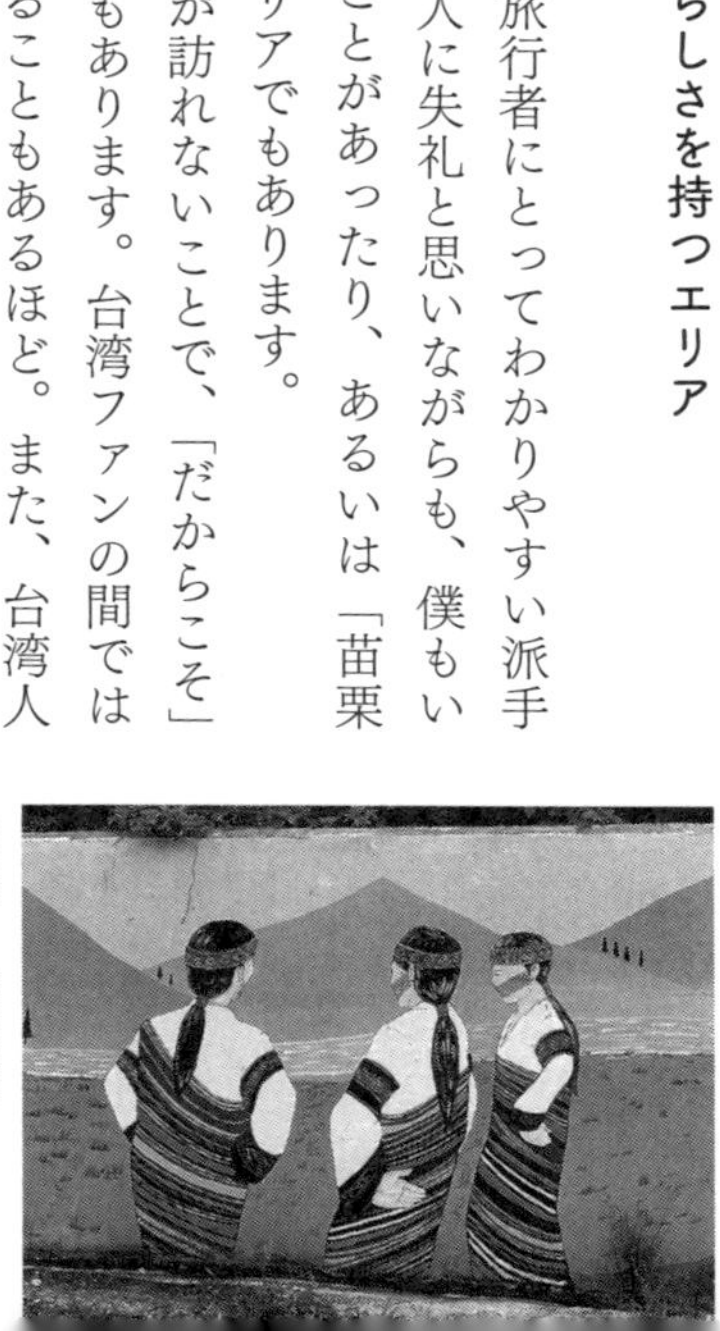

♨名称……泰安温泉（タイアン・ウェンチュエン）
♨アクセス……苗栗の中心部から送迎車、タクシー、レンタカーなどで約1時間半
♨泉質……アルカリ性炭酸水素ナトリウム泉
♨PH値……8・48
♨泉温……約47℃

より深く巡るべきエリアだと思います。

苗栗の平地は客家人が多く暮らすことで知られており、エリア内の各地に根付く客家文化に触れることを目当てに来訪する台湾人旅行者が多いようです。一方、平地から東の山間部に向かうにつれ、客家文化から原住民・タイヤル族の文化へとグラデーションがかかるように広がり、随所に客家とタイヤルがミックスされた文化が存在します。

日本統治時代の「上島温泉」が政府のバックアップで復活

前置きが長くなりましたが、そんな苗栗の山間部にあるのが泰安温泉です。三方を山に囲まれた風光明媚な温泉郷で日本統治時代には「上島温泉」の名で親しまれ警察の招待所などもあったところです。しかし、日本が撤退した後は過疎化が進み、長らく地元の人や一部温泉通のみが注目するエリアとなっていました。

１９９９年に発生した「９２１大地震」では谷関温泉（Ｐ０８４）、廬山温泉（Ｐ０９８）、東埔温泉ほどではないにしろ、泰安温泉も被害を受けました。当時は台湾交通部観光署が「台湾の温泉観光の推進」を図っていた時期だったこともあり、台湾政府は各温泉地への復興支援に積極的に取り組みました。結果的に過疎化が進んでいた泰安温泉もバックアップを受け「苗栗の温泉」として再度注目を浴び始めることになったと言われています。

小高い山ときれいな川が流れる向こうのほうに見えるのが泰安温泉エリアです。

日本統治時代に「上島温泉」と呼ばれていたことから、その名を今も採用している上島公路付近。付近はコンビニエンスストアやガソリンスタンドが極めて少ないので注意が必要です。

日本統治時代の警察の招待所は「台湾警察の合宿訓練」で貸切だった

泰安温泉までのアクセスは少々困難です。直接アクセスできる公共交通機関が乏しく、現実的にはレンタカーでの自走やタクシーチャーターになることでしょう。あるいは宿泊する場合などに事前に送迎してくれるホテルが複数あるようなので、それを条件にホテルを予約するのも良さそうです。

僕はレンタカーの自走でアクセスしましたが、泰安温泉エリアまでの山間道・上島公路はカーブや勾配が緩やかで比較的運転しやすいように思いました。一方、これは泰安温泉に限らないことですが、山間部の道路は道路灯がなくガソリンスタンドの数も限定的。こういった点には特に注意し、明るい時間帯の通行と市街地で十分なガソリンを入れてから訪れるように心がけたいです。

泰安温泉は汶水渓という川の水量が特に多いあたりに温泉ホテルが集中しています。大半が大型の温泉ホテルですが、よく探すと、少ないながらも格安の小さな温泉旅館もあります。

僕は当初、日本統治時代の警察の招待所「警光山荘」に行こうと考えていましたが、この日、残念なことに「警光山荘」がまさしく台湾の警察官の合宿訓練所として完全貸切になっており入ることができませんでした。

事前に調べていなかった自分が悪いとはいえ残念。気を取り直して、温泉ホテルで日帰り入浴をしようと近隣を探し回りました。どこもモダンで厳《おごそ》かな印象で日帰

「警光山荘」
苗栗県泰安郷錦水村横龍山72－2号

りでも500元以上と高額。なかなか決めかねず、しばしウロウロと周辺をレンタカーで彷徨《さまよ》い続けました。

そろそろ日が暮れそうになってきたところで「ここにする！」と決めたのが、汶水渓沿いにある「湯唯温泉渡假」という広大な施設です。日帰り入浴は350元で大型の宿泊施設の他、バンガロー風の宿泊室も点在しています。グループ、家族、カップルで訪れれば温泉や自然を楽しみながらのんびりとした休暇を楽しめそうです。また、敷地内は喋っているだけで山々に声が反響するような澄んだ空気。これは都会っ子にとってかなり贅沢な空間だと思いました。

日帰り入浴は男女混浴のSPAで、脱衣所で水着に着替えてすぐに浸かりました。泰安温泉の泉質はアルカリ性炭酸水素ナトリウム泉。羅浮温泉（P060）の泉質にもよく似た透明度のある柔らかいお湯ですが、湯ざわりは軽め。好みが分かれるところだと思いますが、僕は泰安温泉の軽い湯ざわりは結構好きで「安心して長湯できる」と長時間浴槽を出たり入ったりしました。そして、台湾のSPAでは定番の強烈なシャワーを背中に浴びたりと、疲れを癒すことができて大満足でした。

「湯唯温泉渡假」
苗栗県泰安郷錦水村八隣横龍山18号

台湾のサウナ事情とは？

ただし、一つだけ「これは……」と思ったのがサウナ小屋。SPAにサウナ小屋が隣接されており、せっかくなので入ることにしたのですが、蒸気は出ているもの

「湯唯温泉渡假」のロビー前。喋っていると、周辺の山々に声が反響するほどの空気の美しさ。贅沢な自然環境で、ずっといたくなるほど。今度は宿泊で訪れようと思いました。

「湯唯温泉渡假」のSPA。浴槽数はそれほど多くないですが、この豊かな自然を前にしてSPAでワイワイガヤガヤと遊ぶのは不釣り合いで、これくらいがちょうど良いのかもしれません。

のどういうわけか蒸される感じがなくスカスカ。さらに温かくもなく、熱気も感じません。

台湾のサウナ事情はわからないのですが、いわゆる日本のサウナとはまったく違うものでした。温かくないサウナ小屋に居続けて「ここ僕のお家」みたいに童心に返っても仕方ないのですぐに出てしまいました。

しかし、そんなサウナ小屋のゆるさも許せてしまうほどに、バランスに優れた名泉にたっぷり浸かれたことは本当に良かったです。次回はしっかり計画を立てて訪れようと心に誓いました。

「ここ僕のお家」

台湾マダムのアツい視線を浴びながら浸かる「台湾4大名泉」の一つ――【台中・谷関温泉】

明治時代にタイヤル族が発見し「台湾4大名泉」の一つに

2017年に高雄を抜いて「台湾第二の都市」となった台中。人口285万人のビッグシティーですが、それでいて古き良き台湾の雰囲気が各所にあり、これまた昔ながらの台湾気質の心優しい台湾人が多い印象もあります。また、日本統治時代ゆかりの場所があちこちにある他、海にも山にも観光スポットが多彩で、おそらく数週間滞在しても網羅しきれない魅力が詰まっています。台中というと絵だらけの小さな公園「彩虹眷村」ばかりが注目されがちですが、これはあくまでも名所の一つ。「彩虹眷村」以外にも深く巡るべきスポットが多くあります。

もちろん温泉もあります。台湾中部屈指の温泉地として知られる谷関温泉です。日本統治時代の1907年に原住民・タイヤル族によって発見された温泉で、ときは明治時代だったこともあり「明治温泉」の名で親しまれました。泰安温泉(P078)同様、警察の招待所などもあり、日本統治時代には一般にも広く知られていた名温泉地でした。

初めての谷関温泉での苦い思い出

僕は本格的に台湾にハマり始めた2006年頃、「日本統治時代の雰囲気を感じられるのではないか」と、谷関温泉を目指しました。

当時、日本人旅行者向けガイドブックの多くは台北の情報だけで、地方部に触れていたとしても都心部の情報のみ。台湾ではかなり有名で日本統治時代のストーリーも多く持つ谷関温泉の情報はほとんど紹介されておらず、あってもページの片隅の小さなカコミでした。もちろん、今のようにSNSも一般的ではない時代です。

♨名称……谷関温泉(グーグアン・ウェンチュエン)
♨アクセス……台中の中心部からバスで約1時間半
♨泉質……炭酸水素ナトリウム泉、アルカリ性炭酸水素ナトリウム泉
♨PH値……7・6
♨泉温……60～62℃

僕はそのガイドブックの小さなカコミの情報だけを頼りに、台中の中心部からバスに乗り谷関温泉を目指しました。

ガイドブックには「台中の中心部からバスで片道約50分ほど」と書いてありました。その通りに向かったものの、実際にかかったのは片道2時間半。途中予期せぬ道路工事があったこともありますが、谷関温泉に着いた頃は完全に日が暮れていました。さらに、バスの運転手さんに聞くと「次が台中の中心部に戻る最終のバスで、あと1時間ほどで出発する」と言います。

参りました。慌ててバス停前にあった「明高温泉旅社」の門を叩き「30分だけ温泉に浸からせて欲しい」と頼むと、確か200元ほどで部屋を開放してくれました。猛ダッシュで温泉に浸かり、なんとか来たバスに再び乗り込み戻ってくることができましたが、このときはそのガイドブックを少し恨めしく思いました。

しかし、台湾の特に地方部を巡る際は天候の影響を受けやすく、予定通りにはいかない場面は多くあります。

台湾の地理をある程度理解した今でも「道路が封鎖されていた」とか「かなりの時間をかけて行ったけど、目当ての施設がやっていなかった」といった場面には多く遭遇します。

こんな経験から今では、「台湾ではうまくいかないことが当たり前」と思うようになり、この谷関温泉での苦い経験が結果的に「台湾式」を教えてくれたのだと前向きに考えるようになりました。こういった苦い体験・苦労した体験は、後になる

「明高温泉旅社」
台中市和平区東莞路一段山92号

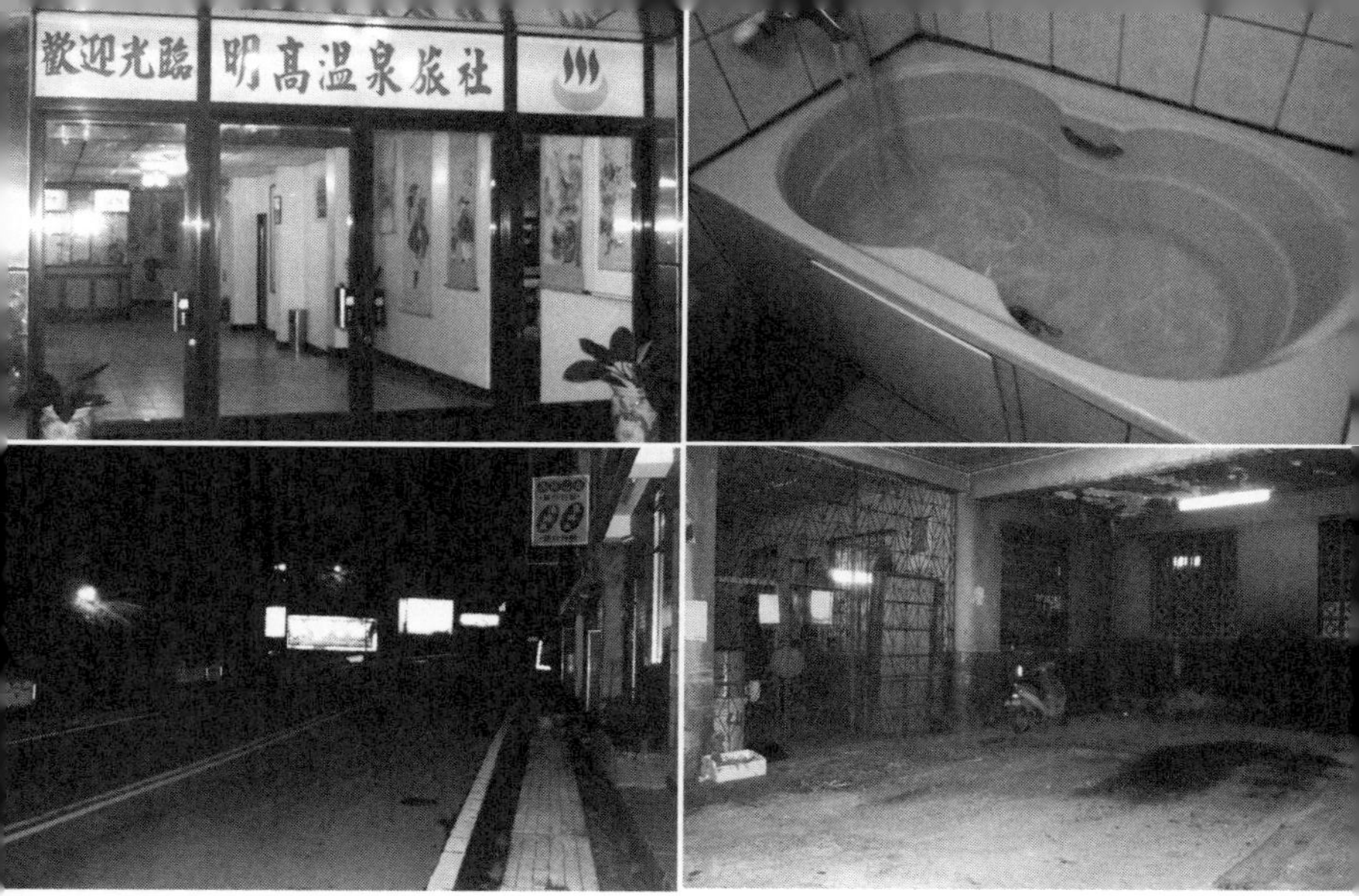

2006年に初めて谷関温泉に訪れたときの写真が残っていたので紹介します。バス停の前にある「明高温泉旅社」に入り、30分だけ入浴。再び付近の暗闇やバスの折り返し場を見学。「有名温泉地のバス停はこうなっているのか」という貴重な学びを得てそのまま帰ってきました。

2007年以降は、日本人でも台湾で自動車を運転できるようになり、以降はレンタカーの自走で複数回、谷関温泉に訪れています。

と不思議と良い思い出に変換されるものです。現代のようにスマートフォンなどで、ある程度の想定ができた上でのアクセスも便利で良いですが、予定通りにいかない旅にもワクワク感や感動度があり、こういった失敗も含めての全てが台湾旅の面白さだと今は思っています。

「日本式」が多い中で「南国リゾート風」を打ち出す「四季温泉会館」

僕にとってこんな思い出がある谷関温泉なのですが、台中の中心部から公共交通機関を使って目指す場合、バスで乗り継ぎなくアクセスすることができます。ただし、日に10本ほどの運行なのと前述の通り所要時間に変動が起こりやすいので、事前に最新の時刻表などをよく調べ、余裕をもった計画を立てるようにしてください。

また、レンタカーの自走は、まず台中の中心部から東に向かい、山を避けるようにグルッと省道台3号を北上し「台湾フルーツの故郷」とも言われる東勢へ。時間があれば東勢で散策をしたりして、この東勢から省道台8号をさらに東へ進み谷関温泉にアクセスすると良いでしょう。

谷関温泉のバス停は省道台8号沿いにありますが、SPAなどの設備が整った温泉ホテルが多くあるのはさらにその先です。バス停から70メートルほど先にある路地を左に入り、緩やかな坂道を下り、大甲渓という川を渡った向こう岸に複数の温泉ホテルがあります。

谷関温泉は「日本式」を意識した温泉ホテルが多いのですが、僕が複数回利用しているのは「四季温泉会館」という「南国リゾート風」を打ち出している高級温泉ホテルです。

宿泊はもちろん、ＳＰＡで日帰り入浴が可能な施設で浴槽の多さとサービスの良さで老若男女誰が行っても満足できるよう構成されています。谷関温泉エリアの全ての施設を利用したわけではないので正確ではないですが、僕の経験上、日帰りで多彩な風呂を楽しむにはここが一番だと思っています。

半露天のような構造のＳＰＡでは温泉で淹れたコーヒーやお茶をいただけるほか、簡単な食事も提供しており、日帰りであっても1日ずっと楽しめる施設なのですが、日帰り入浴は時間無制限で４００元。僕がよく訪れる平日の昼間はたいてい上品な台湾マダム客で賑わっています。

想像では台湾中部で暮らす富裕層で、同世代の友達とツルんで休養に来ているのではないかと思います。台中の庶民的な街にいる親しみやすいオバサンとはどうも所作が違うのです。

台湾マダムのアツい視線を背中で感じる

一度、ここで台湾マダムに話しかけられたことがありました。「日本人です」と下手クソな中国語で伝えると、さほど驚かれない一方、少しいぶかしげな表情を返

「四季温泉会館」
台中市和平区東莞路一段温泉巷8－1号

「日本風」を打ち出す温泉ホテルが多い中、「南国リゾート風」を打ち出している「四季温泉会館」。多彩な浴槽があり、子ども用滑り台などもあるのでお子さん連れでも満足できるはずです。

平日の日中はほとんどが女性客。上品な台湾マダムが多く、市井《しせい》の人とは所作がちょっと違います。

されました。有名とはいえ来訪のハードル高めの谷関温泉のSPAに、平日の昼間、日本人のオッサン1人で温泉に浸かり続ける僕を少し警戒されたのか、それ以上話しかけられることはありませんでした。

それでいて台湾マダムは僕が浴槽を移動する度に、遠巻きながら動きを確認している様子。背中に視線を感じたり何度も目が合ったりして「困るなぁ。台湾マダムは僕のことが好きなのか」とも思いましたが、もちろんそういうことではなく、やはり奇妙に映る僕の行動を警戒心も含めて確認していたのでしょう。

台湾マダムも認める優れた温泉

谷関温泉の源泉は大きく2つ。近隣の川と山から湧出していて、それぞれの泉質は炭酸水素ナトリウム泉、アルカリ性炭酸水素ナトリウム泉。PH値は7・6で日本の基準では飲料用にもできる良質なものです。この優れた温泉をSPAでジャンジャン楽しめるとあれば美容にこだわる台湾マダムが集うのもおおいに納得できます。毎度大満足の温泉です。

また、「四季温泉会館」付近には、日本の温泉地を意識した明治温泉老街などの散歩道がある他、もっと足を伸ばせば、原住民・タイヤル族の文化に触れられる名所も多くあります。日帰りでも良いですが、より深くこのエリアの魅力を体験したい場合は宿泊するほうが良いようにも思います。

台湾人富裕層から絶大な支持を受ける「大地震が産んだ」名泉――【台中・大坑温泉】

「921大地震」でズレた地層の隙間から湧出した温泉

台中にはもう一つ「台湾中部の富裕層がよく訪れる」温泉地があります。歴史は浅い一方、谷関温泉よりもはるかにアクセスしやすく、近年注目を浴びる大坑温泉です。

1999年の「921大地震」では台中の大坑エリアにも甚大な被害がありましたが、この地震をきっかけにエリアで温泉が湧出し始めました。一説には地震でズレた地層の隙間から湧き始めたと言われていますが、以降新たな温泉地として開拓が進み「大坑温泉」として付近に数軒の温泉ホテルが開業しました。いずれの温泉ホテルも高級志向で、こちらもまた台湾人の富裕層の支持を得ているようです。

相応しいホテルをチョイスし、ピンポイントで温泉を楽しむ

大坑温泉は台中の中心部からバスに乗って1時間ほどでアクセスできます。ただし、このエリアにはいわゆる「温泉街」といったものはありません。数軒の高級温

♨名称……大坑温泉（ダーコン・ウェンチュエン）
♨アクセス……台中の中心部からバスで約1時間
♨泉質……弱アルカリ性炭酸水素ナトリウム泉
♨PH値……7
♨泉温……約48℃

泉ホテルが点在しており、そのいずれかに入館し「ピンポイントで温泉を楽しむ」のが特徴です。

そのため、事前に大坑温泉の温泉ホテルの情報をよく調べ、訪れるべき施設を決め予約しておくほうがベターです。昨今浸透しつつあるインターネットのチケッティングサイトでも大坑温泉の温泉ホテルのセットチケットが多数販売されているので、言葉が不慣れな人であっても簡単に予約ができるはずです。

「日光温泉会館」の昼食バイキングはもはや台湾ナンバーワン？

今回、僕は台湾発祥のチケッティングサイト「ＫＫｄａｙ」を利用し、この大坑温泉の「日光温泉会館」という高級温泉ホテルの昼食バイキング＋入浴をセットにしたものを購入しました。

広大な「日光温泉会館」に到着すると、まず昼食バイキングに案内されました。和洋折衷なんでもアリの多彩なメニューが揃った豪華バイキングで、その一品一品のクオリティも激高です。これまで台湾で口にしてきたバイキングの中では間違いなくナンバーワンの味ばかり。

スタッフの対応も素晴らしく、一流ホテルそのものです。そして客層もまた富裕層とおぼしき上品な人ばかりで、皆さん落ち着いて優雅にバイキングを楽しんでいるように映りました。食べきれないほどの量をガツガツ皿に盛るようながめつい人、

「日光温泉会館」
台中市北屯区東山路２段光西巷78号

バイキングの様子。この他にもまだまだメニューがありました。

バイキングを楽しむ台湾人客。やはり皆さん上品で、落ち着いて食事を楽しまれていました。

大声で喋り倒している人、台湾の市場などでよく見かけるTシャツの裾をまくりお腹を出したオジサンなどはまずいません。

これまでの僕はそういう「庶民的な台湾」ばかりを好んで接してきていたので、「日光温泉会館」のハイソな感じに軽いカルチャーショックを受けると同時にこれだけの高級志向なのであれば「さぞ温泉のクオリティも素晴らしいのだろう」と自ずと期待感が高まりました。

モダンな造りの客室には浴槽と岩盤浴スペース、そしてバルコニーも

食べきれないほどの量の絶品料理を堪能した後は、ホテルのスタッフに申し出て温泉に案内してもらいました。

「日光温泉会館」は傾斜のある土地に建っているのですが、その裏手にある宿泊用の建物に案内されました。傾斜があるので、少し地下に下りるような感じですが、進んでいくにつれ温泉の熱気、湿気を感じます。

テンションが上がってきたところに客室のドアを開けてさらにビックリ。かなりモダンな造りの部屋で、ベッドの前の床に温泉の浴槽と岩盤浴スペースがあり、さらにその先には日当たり抜群のバルコニーもあり、それぞれを優雅に楽しむ寸法です。高品質のアメニティも完備するなど、「新装したばかりではないか」と思うほどの衛生ぶりで、素晴らしいとしか言いようがありませんでした。

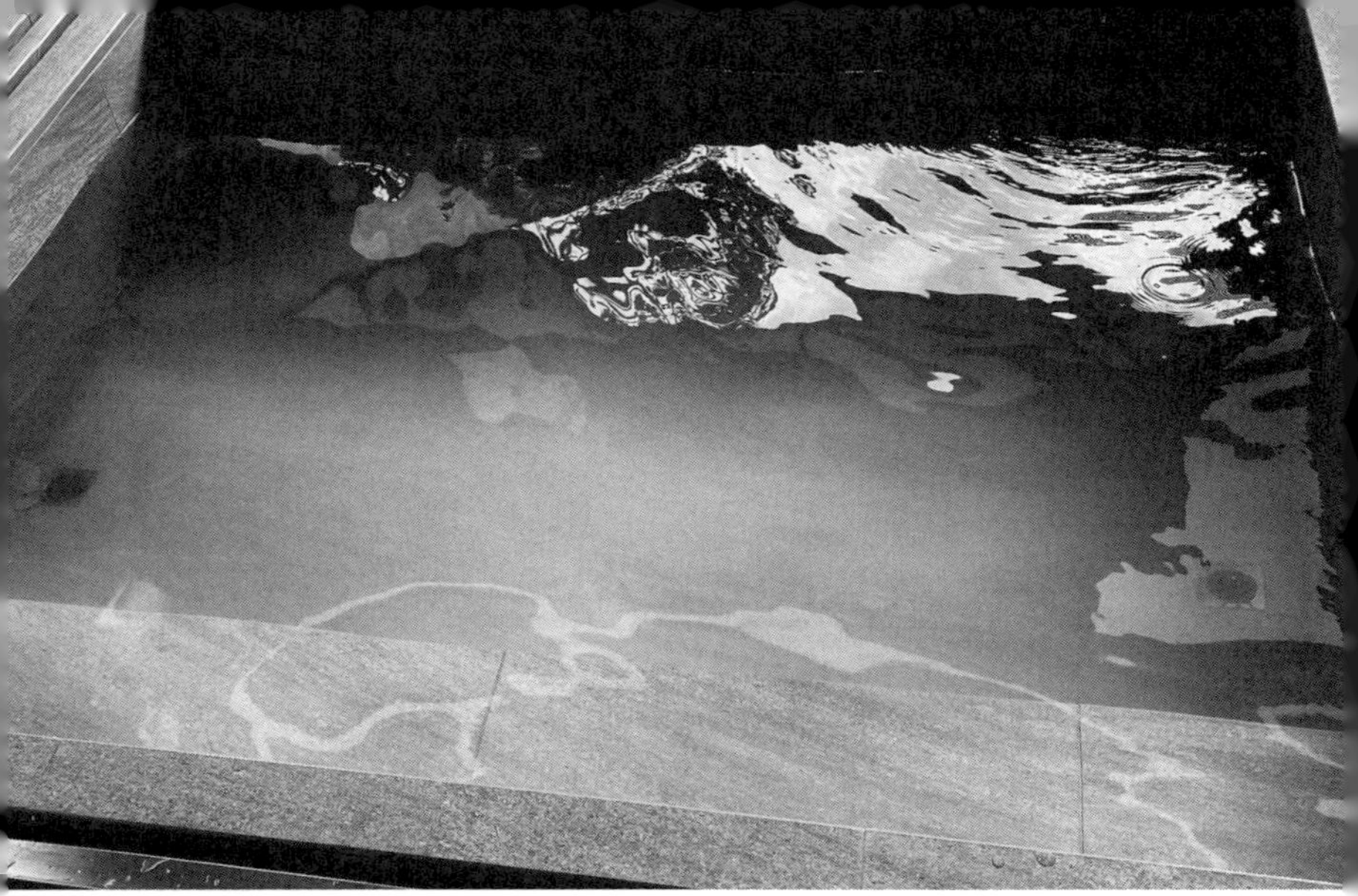

モダンな客室で浸かる大坑温泉の炭酸水素ナトリウム泉。他に似たものがない独特の湯ざわりです。

客室の細部。新装したばかりでは？　と思うほどきれいで台湾人富裕層はここでのんびりと優雅に過ごすのだと思われます。また、「日光温泉会館」には別途混浴風呂やSPAもあるので（写真左下）、家族や友達同士などの複数人でも楽しめます。

台湾各地の温泉ホテルに泊まってきましたが、僕の経験上では間違いなくナンバーワンに近いクオリティ。そして、このモダンな部屋を前にエンヤの歌声が僕の頭の中に流れ始めました。さっそく浴槽に温泉を張ってみましょう。

炭酸泉特有の質感ともまた違う独特の湯ざわり

大坑温泉の泉質は弱アルカリ性炭酸水素ナトリウム泉。いわゆる「美人の湯」系の台湾ではよくある温泉ですが、何か独特で、他に似たものがない優しい湯ざわり。炭酸泉特有の質感ともまた違い、少しヌメった柔らかい感じで、浸かってみると体が優しく包み込まれるような印象を受けました。クセがあるわけでもなく鼻をさす匂いもありません。素晴らしい湯だと思いました。

料理・施設の豪華さに加えて、貴重な温泉が楽しめ大満足の「日光温泉会館」でしたが、大坑温泉エリアには他にも数軒の温泉ホテルがあります。ぜひ、色々と見比べてお好みの温泉ホテルで極上の温泉を楽しんでいただきたいです。一つだけ注意点を補足させてください。毎年11~12月に開催される台湾屈指の花博「新社花梅」の開催地がすぐ近くにあることで、この時期は大坑温泉エリアのどの施設も予約が難しくなると思われます。この点も加味して、来訪スケジュールを立てると良いと思います。

閉鎖・移転まであと数年？ 台湾イチ波乱の歴史を持つ温泉地――【南投・盧山温泉】

「怪我をした動物を温泉に浸からせると早く怪我が治った」

台中の東に隣接する南投。台湾の景勝地の一つとしてあまりに有名な日月潭があり、水がきれいなことで古くから酒造りが盛んな埔里があります。そして、これら平地の名観光地からさらに山に向かって進み約24キロほど行くと、日本統治時代最大の抗日事件・霧社事件の舞台となった霧社があります。霧社事件は映画『セデック・バレ』で詳しく描かれていますが、よりリアルに体験したい人はぜひ現場に立ち寄ってみると良いでしょう。

この霧社のすぐ先にある埔盧公路という省道台14号を進み約9キロほど行くと、静かな山間部に温泉街が見えてきます。ここが盧山温泉です。

原住民・セデック族が暮らすエリアで、地元では古くから温泉が湧くことで知られていました。セデック族の間で「怪我をした動物を温泉に浸からせると早く怪我が治る」ことが知られるようになり、後にその評判が広まったと言われています。日本統治時代には、遠くに見える山が富士山に似て見えたことから「富士温泉」と呼ばれた温泉地です。

♨名称……盧山温泉（ルーシャン・ウェンチュエン）
♨アクセス……台中の中心部から埔里までバスで約40分。埔里でバスを乗り換えさらに約50分
♨泉質……炭酸水素塩泉
♨PH値……6～9
♨泉温……約58～98℃

かつて、廬山温泉を紹介するガイドブックには必ず載っていた温泉街中心部にある吊り橋。

2007年に廬山温泉を訪れた際の様子。「天下第一の泉」を目当てに多くの旅行者が訪れていました。

しかし、前述の霧社事件に至ったことが示すように、地元で絶大な影響力を持つセデック族のモーナ・ルダオ（映画『セデック・バレ』の主人公）が、日本統治時代に実施された皇民化に激しく抵抗し、当時の「日本人」に一定の距離を保っていたこともあったからなのか「温泉地」としての開拓は遅れ、本格的に開かれたのは日本統治時代も末期になった１９４０年代からのことでした。

戦後、日本が撤退した後に国民党の蔣介石がこの地を訪れ、「周囲の山々の景色が中国の廬山に似ている」と言ったことから「廬山温泉」と改名されることになりました。

蔣介石は廬山温泉をいたく気に入り、この地に別荘を建てたとも言われており、１９７０年代に中華民国政府が後押しするカタチで再開拓。１９８７年の民主化後に台湾国内で起きた温泉ブームでは「天下第一の泉」と呼ばれ、絶大な人気を博しました。

度重なる天変地異を受け廃止が告知された

日本にも甚大な被害をもたらした２００８年の「森拉克台風（台風第13号）」。この台風によって廬山温泉の多くの温泉ホテルが倒壊しました。

さらには２００９年の「八八水害」でも甚大な被害を受けるなどし、２０１１年に南投県政府が20億元という膨大な費用を投じて、廬山温泉の全ての温泉施設を埔

2023年6月の廬山温泉の様子。全盛期には80を超える温泉ホテルがありましたが、この時点で営業を続けていたのは10軒前後のみ。今ではさらに減り、残り数軒になっているそうです。

廬山温泉の名所の一つ「警光亭」。日本統治時代の警察の招待所が宿泊施設として開放されていますが、そこには地元の英雄で『セデック・バレ』の主人公、モーナ・ルダオの妻の石像が立っています。

里に移転することを決定しました。２０１２年には現在の廬山温泉の廃止も告知しました。

しかし、多くの地元関係者はこれを不服とし、廃止告知を受けてもなおたくましく元々の地で営業を続ける温泉ホテルが数多くありました。その地元関係者に追い討ちをかけるように２０２３年８月に豪雨の影響で再び甚大な水害に遭い、残っていた多くの温泉ホテルが閉業に追い込まれ現在に至ります。

ここまで複雑で、波乱だらけの歴史を持つ台湾の温泉地は他にないように思います。また、僕個人も中部横貫公路の「山越え」の際に必ず訪れる宿泊地だったこともあり、廬山温泉には特別な思い入れがありました。来訪の度に寂れていく廬山温泉の様子を前に、地元の人たちの心情を想像し、胸が苦しくなることを繰り返しました。

「今日、私の友達の日本人ここに来る」の思い出

僕が直近で廬山温泉に来訪したのは２０２３年６月です。コロナ禍を経ていたので約４年ぶりの来訪でしたが、かつてあった温泉ホテルが複数閉業している他、さらに小さなお土産屋さん街もほぼ全てのお店がシャッターが閉められたままでした。

実はこのうちの１軒に、僕にとって廬山温泉で忘れられない思い出の「お茶屋さん」がありました。

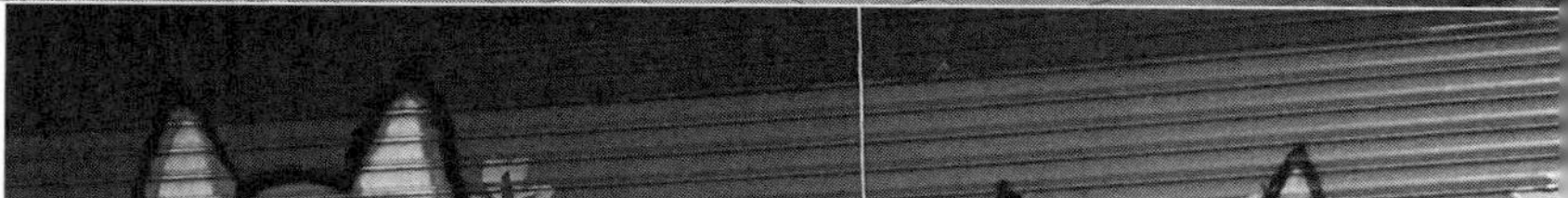

2023年6月の廬山温泉のお土産屋さん街の様子。ほぼ全ての店が閉鎖されており、「もうなくなるから」ということからか、シャッターには子どもに自由に描かせたとおぼしき様々な絵がありました。そして、「もう店を開けない」ことを示すかのようにシャッター前に植木があったり、テープが巻かれたりしていました。

お茶屋さんのお姉さんは地元のセデック族とおぼしき人でしたが、流暢な日本語を喋ることができ、僕を日本人と知るやいなや日本語でガンガン営業トークをかけてきました。そして、その決め台詞が「今日、私の友達の日本人ここに来る」というもの。つまりは「日本人の友達がいる私を信頼してくれ」という意味のようで、僕にお茶を買うよう促すのでした。

僕のことを覚えていないのか、何度このお茶屋さんを訪れても、お姉さんは「今日、私の友達の日本人ここに来る」と言います。そんなに毎日「日本人の友達」が廬山温泉に訪れるとは思えないのですが、おそらく日本人旅行者には毎度同じパターンでお茶を売っていたのだと思います。

しかし、僕には「今日、私の友達の日本人ここに来る」のウソがなぜかイヤなものには感じられませんでした。

ウソというのは、おおむね自分のメリットや保身と、悪意の度合いが比例するものです。しかし、お姉さんの「今日、私の友達の日本人ここに来る」は大してお姉さんにメリットがあるわけではなく、せいぜい「信頼してくれ」という程度のもの。信用を得るための言葉は日本語では難しく、その代替手段として「今日、私の友達の日本人ここに来る」と言っているように感じられたのです。もしそれが正しければどこかちょっとチャーミングにさえ思えるのでした。

そして、驚くべきことに、お姉さんが売るお茶のクオリティは素晴らしいものでした。「温泉街や観光地のお土産屋さんで買ったお茶」と言うと、そうレベルの高いものにはありつけないように思えますが、僕が信頼するお茶関係のワークショップを開く知人に、阿里山や梨山などの名産地のお茶と合わせて一式送ってあげた際、「抜きん出て美味しかった」と言ってくれたのが「今日、私の友達の日本人ここに来る」のお姉さんのお茶だったのです。

そんな経験もあり、僕は廬山温泉を訪れる度に「お茶屋さんのお姉さん、今回も『今日、私の友達の日本人ここに来る』と言ってくれるかな」と恒例の楽しみにしていましたが、残念なことにシャッターが閉められたまま。お姉さんとのやり取りを思い出して、なんだかとても寂しく思うのでした。

宿泊客は僕ともう1家族のみ……

さて、2023年6月に訪れた際は、残された数少ない温泉ホテルのうち、過去複数回宿泊したことがある「蜜月館大飯店」に宿泊しました。このエリアでは高級の部類に入るところです。

しかし、この日の宿泊はどうやら僕ともう1家族のみ。男女混浴のSPAの浴槽には温泉が張っておらず、僕が「利用したい」とスタッフに申し出たら慌てて蛇口をひねってくれました。なんだか申し訳ない気持ちになりましたが、遠慮なく浸かることにしました。

廬山温泉の源泉は炭酸水素塩泉で飲用も可能なのですが、炭酸感はキツくなくク

「蜜月館大飯店」
南投県仁愛郷栄華巷46号

スタッフが蛇口をひねり、おそらく僕だけのために温泉を張ってくれたSPA。

廃止がほぼ確定した廬山温泉ですが、「天下第一の泉」は今日も濁りないことを感じました。

セは薄めの一方、体に優しく浸透するような湯ざわりです。まさに「天下第一の泉」の呼び名に相応しい名泉ですが、ここでもまた、現在の風前の灯火のような状況を本当に残念に思いました。

おそらく数年以内に閉鎖される廬山温泉

２０２３年８月の豪雨の後、さらに廬山温泉エリアの多くの温泉ホテルが閉業。また、２０２４年４月の「花蓮地震」の影響で、廬山温泉付近にある中部横貫公路の一部が通行できなくなったことで、客足が遠のくといったこともあったはずです。こうした影響からか長年進まなかった前述の埔里への移転が本格的に始まり、廬山温泉の消滅はほぼ確定の様子です。

２０２３年10月時点で、確実に営業を続けているのは、前述の「蜜月館大飯店」、大型ホテルの「名廬仮期大飯店」、そして「今日、私の日本人の友達ここに来る」のお茶屋さん近くにある「正揚大飯店」のみのようです。他にもやっているところがあるかもしれませんが、もし行かれる人は、直近の天候も含めた事前情報をよく調べた上で訪れるようにしてください。

複雑な歴史を持つ廬山温泉がおそらく数年以内になくなります。本当に寂しいことですが、閉鎖される前にもう一度くらい浸かれると良いなと思っています。

「名廬仮期大飯店」
南投県仁愛郷栄華巷９号

「正揚大飯店」
南投県仁愛郷栄華巷43－1号

キャンプ場併用の温泉エリアは廬山温泉閉鎖後、界隈きっての温泉地に？――【南投・春陽温泉】

廬山温泉が閉鎖後は界隈の代表的な温泉になるかも？

廬山温泉エリアから5キロほど下流の場所にある春陽温泉。廬山温泉は埔里から1本で行けるバスが出ており、その知名度もあって日本人旅行者も多く訪れていましたが、一方の春陽温泉は、バスを途中下車し、1キロほど川沿いの道を歩く必要があることに加え案内板なども乏しく、大半の施設がキャンプ場的な趣きなこともあって一見の旅行者にはマニアックに思える温泉地でした。

しかし、この春陽温泉もまた日本統治時代からよく知られていた温泉で近隣に桜の花が咲くことから「桜温泉」として親しまれていました。

かつてはエリアの各所から豊富な温泉が湧出し「穴を掘れば温泉が出る」と言われるほどだったようですが、現在は近隣の護岸工事などの影響で、湧出箇所が減少。それでも主に台湾人の温泉ファンの間で一定の人気があり、土日にはキャンプも兼ねて訪れる人たちがいます。

廬山温泉が度重なる天変地異で大打撃をくらい、閉鎖まで時間の問題となった一方、春陽温泉は現状、廬山温泉ほどの影響はないようで、今もエリア内各所には温

♨名称……春陽温泉（チュンヤン・ウェンチュエン）
♨アクセス……台中の中心部から埔里までバスで約40分。埔里でバスを乗り換えさらに約40分。春陽温泉バス停から徒歩で約30分
♨泉質……弱アルカリ性炭酸泉
♨PH値……7・5
♨泉温……約65℃

泉を備えたキャンプ場や温泉施設が営業中です。

仮に廬山温泉が埔里に移転し閉鎖された場合、春陽温泉が界隈きっての温泉地となることでしょう。つまり、現状ではマニアックな温泉地ですが、今後はさらに人気を集める可能性を秘めているように思います。

現状では「温泉推し」ではなくキャンプ場としての機能が主軸

さて、僕が直近で春陽温泉を訪れたのはコロナ禍以前の2019年6月。廬山温泉に宿泊した後、平日の午前中にレンタカー自走でアクセスしました。埔盧公路（省道台14号）を霧社方面に戻り、途中にあるボロボロの塀にスプレーで誰かが書いた「春陽温泉→」という案内を頼りに川のほうへ。

現在は道路が舗装されていますが、当時は劣悪な砂利道で緊張しながらゆっくり運転して進んでいきました。ウネウネと続くカーブを進み、ようやく濁水渓という川が見えてきて、原住民・セデック族の紋様があしらわれた徳魯湾橋という橋を渡ると、その先に複数のキャンプ場や宿泊施設がありました。

しかし、どの施設も「温泉推し」ではないようで、あくまでもキャンプ場がメインの様子。平日の午前中ということもあってか、どの施設にも客はおろか管理人も不在の様子。ある施設にいる番犬とおぼしき犬が繋がれた鎖をガシャガシャさせながら吠えて大暴しているだけでした。

春陽温泉のキャンプ場の一角にあったSPA施設。しかし、中に入ってみると……。

人がいないので温泉が張られていないのは良いにしても、屋根の日除けはボロボロ。長らく使われていないように思われました。

山奥や人里離れたエリアに赴く際には「野犬対策の餌」があるとベター

なかなか凶暴な犬ですが、こんなこともあろうかと、僕はホテルの朝食の残りの饅頭を「犬を黙らせる餌」代わりに持ってきていました。

台湾の山奥や人里離れたエリアには番犬だけでなく野犬も多くおり、僕は過去複数回、山奥の廟や田舎町の公園で追いかけ回された経験があります。こんな場面では餌になるものがあると意外と防御できます。確実に犬からの攻撃をかわせるとは限りませんが、こんな対策をしておくこともオススメします。

「その温泉入るか？　入るできる。お金ない大丈夫」

さて、そんな犬対策を終えた後、改めて付近の施設を見て回り細部を確認していったところ、あるキャンプ場の施設内に小さな温泉の浴槽を発見。手を入れてみると温かく、ずっと循環しているようです。しかし、肝心の管理人がいません。

「参ったな」と思ったところで「管理人室」のような小屋に「何かあればここへ」と電話番号が書いてあるのを見つけました。迷わず電話をかけると、電話に出た人はムニャムニャした寝起きの様子でしたが、なんと日本語が少しわかる人でした。

「あなた日本人か。その温泉入るか？　温泉入る問題ない。入るできる。お金ない大丈夫。ありがと（ガチャ）」

とあるキャンプ場の管理人室。しかし、結局この施設の名前はわかりませんでした。

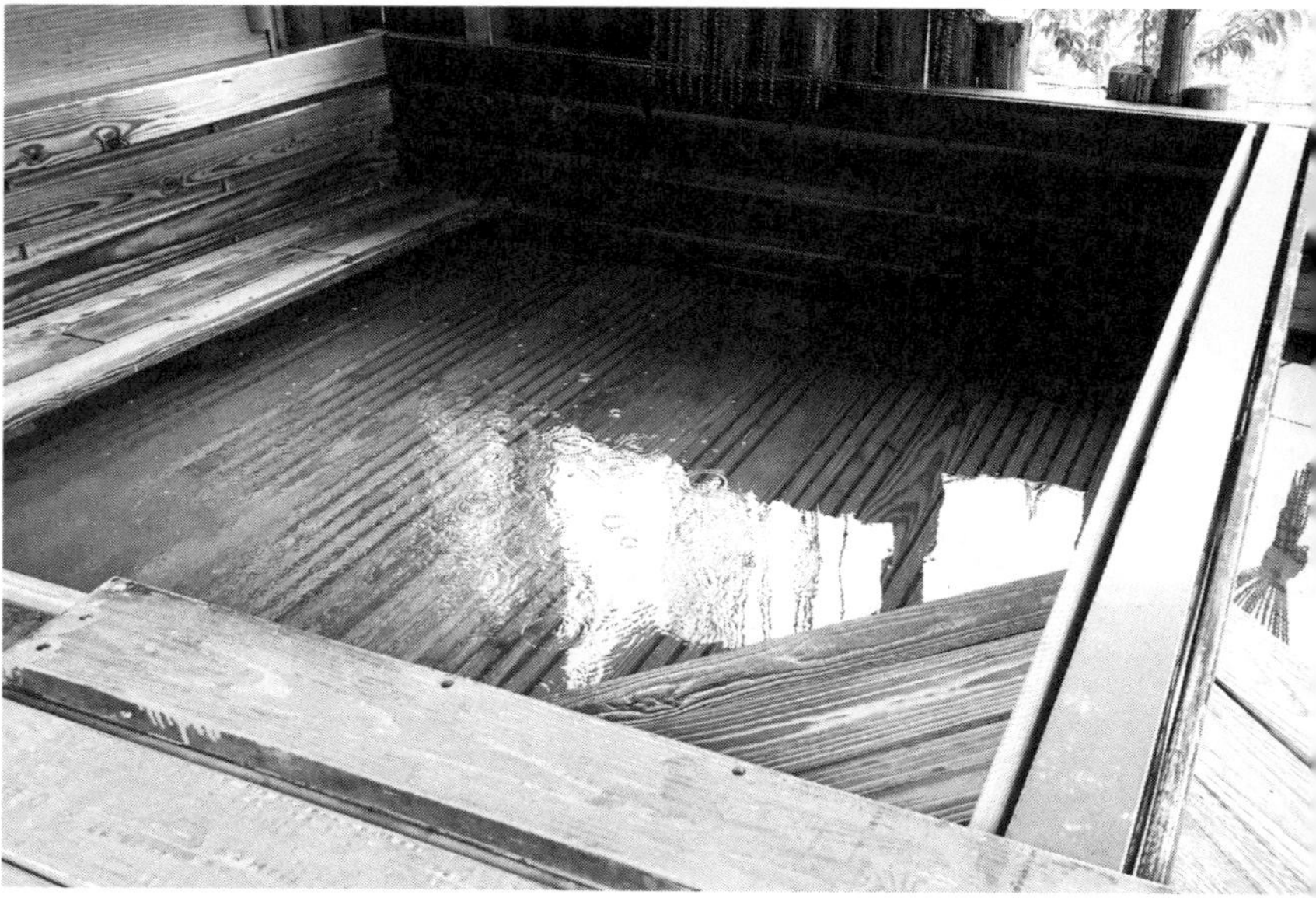
「その温泉入るか？　入るできる。お金ない大丈夫」という管理人とおぼしき人の太っ腹に甘え、誰もいないのを良いことにその場で裸になり、温泉に浸かりました。

実はセデック族だけでなく、台湾の山間部の原住民族の中には、今でも日本語がある程度わかる人が一定数います。どうして山間部の原住民族の人たちの間で、今なお日本語が通じることが多いかの事情は鳩之沢温泉（Ｐ１８８）の項で触れますが、とりあえず「タダで温泉に入って良い」という許可をもらえたことは本当にラッキーでした。

ヌメヌメ感は「美人の湯」系では最も際立った湯ざわり

僕は誰もいないのを良いことに、その場で服を脱ぎ裸になり、小さな浴槽に浸かりました。湯ざわりはややヌメッとした柔らかい質感で刺激弱め。匂いはなく、透き通ったお湯で素晴らしいです。

源泉は弱アルカリ性炭酸泉で羅浮温泉、泰安温泉、谷関温泉などとも同じ「美人の湯」系のものですが、ヌメヌメ感は春陽温泉が最も際立っているように感じました。少々慌ただしい入浴ではありましたが、こんなに貴重な温泉にタダで浸かれたことをありがたく思いました。

シャワーなどの洗い場はおそらくは脱衣所のほうにあるはずですが、もう面倒なので再びその場で服を着て帰ることにしました。帰り際、先ほど吠えまくっていた犬の前を通り過ぎましたが、もう僕を見ても吠えることはなく、横たわったまま上目使いでチラ見するだけでした。

過去にあったのに閉鎖した台湾の温泉4選

天変地異の影響や台湾の法律の変更などから、消滅や無期限休業に至る温泉は廬山温泉以外にもあります。ここでは今はもうなくなってしまった温泉４つを紹介します。

「八八水害」で閉鎖後に一時復活するも再び埋没し川の中へ――【高雄・多納温泉】

まず最初は高雄の南東にある山深いエリア・茂林区にかつて存在した野渓温泉・多納温泉です。

原住民・ルカイ族が住民の大半を占める多納里の温泉渓という大きな川の近隣に野趣溢れる温泉池があり、マニアから絶大な支持を集めていました。公共交通でのアクセスは困難でしたが、レンタカーでの自走やタクシーであればアクセスできたことから、僕も家族旅行で3回ほど浸かったことがありました。しかし、2009年に発生した「八八水害」で村全体が壊滅状態に。渓谷脇で楽しめたかつての多納温泉はそのまま消滅してしまいました。

その後、2011年に「復活しているのではないか」と期待をこめて現地に行ってみましたが、元あった場所は砂利だけとなっており、温泉は壊滅したまま。掘れば出てく

01

02

03

01 2007年に初めて訪れた多納温泉の様子。現物の写真が残っておらず、拙著『らくらく台湾一周旅行』（2007年・白夜書房）より転載しており、写真がボヤけておりすみません。02 多納温泉は野渓温泉でしたが、このような施設も併設され、多くの温泉マニアに親しまれていました。03 2011年に「復活しているのではないか」「地元の人たちが密かに浸かっている温泉があるのではないか」と期待し訪れましたが、この通り周辺は砂利のみで地元の人たちもいませんでした。

04 2023年6月に多納に行った際の様子。温泉らしきものは見当たらず、しばしこのような酷道をレンタカーで徘徊することに。05 僕と同じ目的で訪れていた台湾人旅行者と、しばしクルマで探し回りましたが、その際、滝が流れるあたりに人影を発見！　ここが新しい多納温泉なのでしょうか。06 しかし、残念なことにここは多納温泉ではなく、単に「滝の下の水たまりって気持ち良いなと浸かっている人」でした。後に現在の多納温泉は「川の中にある」ことを地元の人に聞き、肩を落として帰ってきました。

るのでしょうが、泣く泣く帰ってきました。

それからさらに12年後の２０２３年。かつての多納里の温泉渓の脇に「新たな温泉施設が完成した」との情報を得ました。Ｇｏｏｇｌｅで確認すると、かつてあった多納温泉とは少し違う場所にありますが、最低限の設備は整っている様子。これは良さそうだと、２０２３年６月に行ってみることにしました。

しかし、目当ての場所に行ってもそれらしきものはありません。周辺をウロウロ探していると、同じ目的で多納を訪れていた台湾人旅行者がいました。「どこにあるんですかね」「僕もわからない」としばし顔を見合わせお互いにクルマで探すことに。付近の滝が流れる水たまりに人が浸かっているのを発見し、「ここが新しい多納温泉なのか」と僕が尋ねると「ここは温泉じゃない」との返答。単に「水たまりって気持ち良いな」と浸かっているようでした。

結局何もわからず村の集落のあたりに戻り、民家の軒先で宴会をしていたルカイ族の方に尋ねると、「温泉あるけど、今川の中。危ないからやめたほうが良い。それより日本人なら一緒に飲んでいかない？」と返されました。

飲み会参加したい！　と思いましたが、あいにくクルマのため丁重にお断りしました。後に一度は復活した多納温泉が水害などの影響で再び崩壊し、ルカイ族の人が言う通り、川の中に再び埋没しているとわかりました。

泉質の良さから蝶々がたびたび水を飲みにくるほどだった美しい多納温泉。いつの日か完全復活してくれることを願うばかりです。

「八八水害」他の水害の影響で復活・閉鎖を繰り返す温泉――【台東・金峰温泉】

台東に存在した金峰温泉も2009年に発生した「八八水害」で温泉施設が崩壊し、復活後にまた水害を受けて閉鎖となった温泉です。

かつては温泉に浸かれる公園風のSPA施設が存在し、山々を眺めながらの入浴が楽しめましたが、「八八水害」でこの施設が崩壊してしまいました。その後、再建が進められ、2010年代後半になんとか再び温泉に浸かれるような設備が整ったそうです。

しかし、再び水害の影響を受けて崩壊してしまったようで、2024年6月にこの地に向かってみると、かつての温泉施設付近までを結ぶ道路自体が寸断されていました。

現在、金峰郷の中心地に「嘉蘭温泉公園」という足湯などを楽しめる公園ができていますが、どの浴槽にも温泉が張られておらず、楽しむことができませんでした。なんだ

07 2008年に訪れた際の金峰温泉のSPA施設の様子。マンゴー風のモニュメントがあるかわいい施設でした。08 こののどかなSPA施設も「八八水害」で崩壊。後に復活したものの、度々の水害でまた崩壊してしまったようです。09 ただし、源泉自体が消滅したわけではなく、中には川のあちこちで湧出する源泉を目当てに訪れる人もいると聞きました。改めて現地を訪れましたが、この通り。金峰温泉への道路自体が崩落しており、そのまま引き返すしかありませんでした。

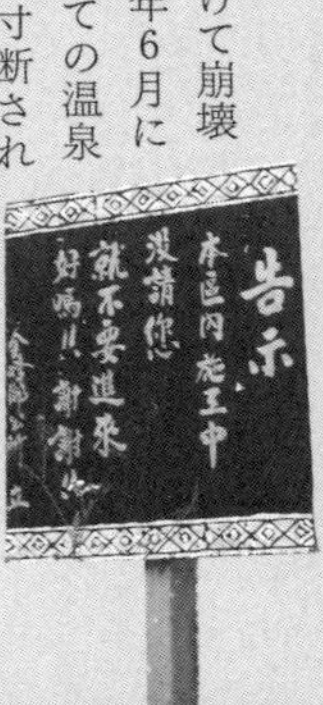

か寂しい限りです。

完全に源泉が消滅したわけではないはずなので、いつかまた復活して欲しいものですが、このように自然環境が豊かであることは、同時に天変地異の影響を受けやすいということでもあります。訪れる前は天候と合わせて直近の現地の状況をよくチェックしてからのほうが良いでしょう。

道路封鎖で事実上の入浴が不可能となった幻の秘湯――【花蓮・文山温泉】

台湾屈指の景勝地として知られる花蓮の太魯閣渓谷。この太魯閣渓谷の文山というエリアに日本統治時代に発見された文山温泉という野渓温泉がありました。

一時、日本のガイドブックでも紹介されており、僕もずっと浸かってみたかったのですが、地元の原住民・太魯閣族の知人から厳しく「絶対に行くな」と言われ断念していました。２００５年に土砂崩れで死者が出て、２０１８年に正式に閉鎖。それでも野趣溢れる温泉を楽しみたいという人が後を断たず、２０２３年には川の水位上昇で再び死者が出ました。想像以上に危険な温泉だったようです。

まだ記憶に新しい２０２４年４月の「花蓮地震」の影響で、現在は文山エリアまでの唯一の道・中部横貫公路が閉鎖され、事実上アクセス自体ができなくなりました。今後道路が再び開放され文山エリアにアクセスできるようになった

10 中部横貫公路の文山エリアに突然現れる前方後円墳のような形のアーチ。この先が野趣溢れる文山温泉への入口でした（2012年頃）。11 浸かる・浸からないはさておき、一度文山温泉の近くまで下りてみようと向かったことがありました。12 しかし、階段の先は険しい崖。相応の装具がなければ温泉が湧出する川の付近には下りられないと思いました。台湾・日本を問わず温泉にハマり始めると秘湯を求めがちですが、危険な場所にはできるだけ近寄らないほうが賢明です。

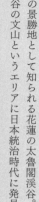

としても、地元の太魯閣族の人ですら敬遠する野渓温泉です。できれば、入浴を控えるほうが良いでしょう。

日本統治時代の警察の保養所が現行法のゴタゴタで閉鎖に――【花蓮・紅葉温泉】

天変地異とは関係なく無期限休業に追い込まれた温泉もあります。花蓮の紅葉温泉というところで、日本統治時代に警察の保養所だった建物をそのまま使った「紅葉温泉旅社」という旅館が1軒ありました。

この旅館にも僕はたびたび訪れており、1度は宿泊したこともあります。部屋は畳で建物自体は古いものの、とても大切に整備されていた良い施設でした。どこか日本と台湾がミックスされたような印象もあり、このキッチュな感じもまた僕は大好きでした。

しかし、同施設が2022年に台湾の温泉法と観光開発条例に違反していたことが判明し、それぞれの違反に対する罰金として34万元、40万元の支払いが命じられました。これを受けて施設側も憤慨。訴訟を起こすなどして事態は泥沼化しましたが、結果的に施設側は温泉の使用と観光業の停止をせざるを得なくなり、無期限休業になっています。

2024年6月、近くの瑞穂温泉（P178）を訪れた際、「紅葉温泉旅社」にも立ち寄ってみましたが、やはり休業のままでした。日本人にとってゆかりの深い貴重な施設でもあることから、いつか事態が収束し復活することを願うばかりです。

13 日本統治時代以降、長らく多くの人に親しまれてきた紅葉温泉の唯一の施設「紅葉温泉旅社」。花蓮の温泉を代表する一つでした。14 日帰り入浴・宿泊ともにできる施設で客室は畳式。畳の上に布団を敷いて横になると、日本統治時代にタイムスリップしたかのような気分を味わえました。15 しかし、現行法のゴタゴタで、無期限休業状態に。貴重な施設でもあるので、いつの日か復活することを願うばかりです。

第3章 台湾南部のゆるぽか温泉旅

旧日本軍の飛行隊が偶然発見した世界的にも珍しい泥温泉――【台南・関子嶺温泉】

台湾の温泉に興味がない人でも食いつきナンバーワンの泥温泉

台湾ブーム以降、知人や友達から「どこかオススメの場所があったら教えて欲しい」とチョコチョコ連絡をもらうようになりました。

その度に「台湾の温泉」をオススメするのですが、特に女性の場合、髪が長かったり、お化粧の時間があったりするからか温泉のハードルは高めの様子。たいてい「ふ～ん……」となって話が終わります。腹の中で「もっと美容とかそういうのが知りたいの！」と思っているのか、話を逸《そ》らすように「青木由香さんが『ＣＲＥＡ』で紹介していた石鹸のお店知らない？」といったことを聞かれることがあります。

僕は台湾が大好きですが、一方で石鹸とかヂェン先生の服とかの話には疎くて、答えられずにいるとますます会話が続かなくなります。気づけば台湾の話から「年を取ってもきれいでいたい」という話にすり代わって、さらにまったく全然関係のない草笛光子さんの話になったりもします。

ただし、こんな場面でも唯一女性の食いつきが良いのが台湾の泥温泉です。台南の関子嶺温泉のことで「ドロドロの温泉なんだけど、泥パックがあったりお肌に良

♨名称……関子嶺温泉（ヴァンズーリン・ウェンチュエン）
♨アクセス……嘉義中心部からバスで約1時間。台南中心部からバスで約1時間15分
♨泉質……アルカリ性炭酸泉
♨PH値……8
♨泉温……約75℃

いらしいですよ」と伝えると「えー何それ！　行ってみたい」と、ようやく興味を持ってもらえて、草笛光子さんから台湾を取り返した気分になります。

日本軍の飛行隊がキャンプ時に発見

関子嶺温泉は台南の中心部から東に行った白河というエリアにあります。日本統治時代初期の１８９８年、嘉義に駐屯していた日本軍の飛行隊が現在の関子嶺温泉エリアでキャンプを張っていたところ、偶然この泥温泉を発見しました。

関子嶺温泉の源泉はアルカリ性炭酸泉。湯が灰濁しどことなく石油のような匂いがありますが、それでいて滑らかな質感で浸かっていてもクセはありません。

泥温泉は世界的にも珍しいと言われており、日本統治時代に公衆衛生資金が投入され３つの公共浴場が作られました。「特別」「上層」「普通（ハンセン病などの重病患者も入浴できる）」と分けられていたようですが、いずれの公共浴場も多くの人に親しまれたそうです。後にはこの泥温泉にラジウムが微かに含まれることもわかり、「万病に効く」と考えられさらに重宝されるようになったそうです。

こんな絶大な評価を受けて、１９１６年に発行された「台湾歴史景勝地」には、台北の北投温泉（Ｐ０３１）、陽明山温泉（Ｐ０３８）、屏東の四重渓温泉（Ｐ１３８）と並び「台湾４大名泉」と記載され、その名が台湾全土に広まると絶大な人気を得るようになりました。

嘉義または台南からバスでアクセスできる関子嶺温泉。付近の小川は泥温泉が混じっており、グレーがかっています。日本統治時代の面影も各所にあり、当時の警察の招待所の「警光山荘」もあります。

「300年以上、水中から火が燃え続ける」という奇景の「水火同源」。火にまつわる名所の多い関子嶺温泉エリアの中でも特に多くの旅行者が見学に訪れるスポットです。

「台湾4大名泉」各所が繁栄と衰退を繰り返す一方で、泥温泉が珍しいことから、関子嶺温泉は常に一定の支持を集め続けました。近年は、2004年以降毎年秋に開催されるようになった「関子嶺温泉美食（グルメ）フェスティバル」も人気で、国内外からさらに多くの旅行者が訪れるようにもなりました。

このエリアは温泉以外の見どころも多く、特に「300年以上、水中から火が燃え続ける」という「水火同源」は、屏東の「出火奇観」（地上に吹き出す天然ガスによってずっと炎が立っている）と並ぶ「台湾の奇景」としてよく知られています。

老若男女誰が訪れてもまず「間違いなし」の温泉ホテル

関子嶺温泉までのアクセスは嘉義または台南からバスで1本。エリアとしては台南に属する関子嶺温泉ですが、立地的には嘉義の中心部のほうが近く、できれば嘉義からアクセスするほうが良いでしょう。

僕が関子嶺温泉に訪れた回数は数知れず、家族旅行で複数回、また友達の台湾旅行のアテンドなどでも複数回宿泊しています。

その経験でオススメしたい2つの施設を紹介します。

まず一つ目が「景大渡假荘園」という高台にある温泉ホテルです。関子嶺温泉エリアに複数ある温泉ホテルのうち最も多彩な浴槽を楽しめるところです。男女混浴のSPAでは複数の温度の泥温泉、泥パック、プール、ドクターフィッシュ池、フィッ

「景大渡假荘園」
台南市白河区関子嶺56号

「景大渡假荘園」で泥パックをして遊ぶ子どもたち。多くの人が泥パックを楽しんでいますが、SPAスペースで泥パックは禁止。おそらくは排水口に粘度のあるパックが詰まるからだと思います。

「景大渡假荘園」の泥温泉の浴槽。見た目よりも軽い湯ざわりでクセも弱め。いくつかの温度の違う浴槽がある他、薬草風呂なども用意されています。お好みの浴槽でぽかぽかと体を温めましょう。

トネススペースなどがあります。もちろん個室風呂もあるので、人に肌を晒したくない人にはこちらもオススメです。

また、ここは宿泊施設も最高で傾斜を生かしたロッジ風施設の客室があり、ちょっとした別荘気分を味わうことができます。この客室で日本では聞かないような鳥の鳴き声で起こされる朝はなんとも心地良いものです。あらゆる人のニーズに応えられる「間違いなし」の温泉ホテルだと思います。

関子嶺温泉で2番目に開業した旅館が今もある

もう一つオススメしたいのが「関子嶺大旅社」。こちらは関子嶺温泉の開拓後2番目に開業した温泉旅館で当時は「龍田屋」という屋号でした。最初に開業した温泉旅館は「静楽館（当時は『吉田屋旅館』の屋号）」と言われており、こちらも趣きがシブくて最高なのですが、僕個人的には日本統治時代の面影は「関子嶺大旅社」よりも少し薄めのようにも感じます。当時の雰囲気を強く感じたい人には真っ先に「関子嶺大旅社」をオススメしたいと思います。

「関子嶺大旅社」もまた傾斜を生かした構造で、迷路のように客室があちこちに点在しています。施設の随所に120年以上も大切に守り続けられている設備があり、これらの見学だけでも十分ありがたいもの。それに加えて貴重な泥温泉にも浸かれるわけで僕的には最高の施設だと思っています。また、「関子嶺大旅社」の泥温泉

「関子嶺大旅社」
台南市白河区関子嶺20号

「静楽館」
台南市白河区関子嶺17号

「関子嶺大旅社」の泥温泉。施設は古くとも衛生的で大切に守られてきたことを強く感じます。

「関子嶺大旅社」の館内の様子。ドラえもんは「ホームメイロ」という家の中を迷路化させる道具を持っていますが、まさにその道具が使われたかのように複雑に入り組んだ施設です。しかし、その随所に日本または古き良き台湾の面影を感じ、特別な体験ができる旅館です。

は客室内の浴槽で楽しむものなのでＳＰＡが苦手な人にはもってこいです。

例えば、家族旅行などで関子嶺温泉を訪れる場合、家族全員が納得できる「景大渡假莊園」のような温泉ホテルを宿泊拠とし、そのＳＰＡで家族に楽しんでもらっている間に、近隣のややマニアックな旅館などを巡るなんていうのも良いでしょう。

それほど広いエリアではなくおおむね徒歩で移動できるのも関子嶺温泉の利点です。「台湾４大名泉」の一つ、関子嶺温泉は個人、カップル、家族連れ、年をとってもきれいでいたい人まで老若男女誰をも必ず満足させてくれるはずです。

オバサンから「台湾の名所」クイズを受けて浸かった高雄を代表する名泉――【高雄・宝来温泉】

高雄の山間部に複数存在する絶好の温泉エリア

高雄の山間部に流れる荖濃渓という長い川の周辺には、出自が異なるいくつかの温泉があります。上流エリアには野渓温泉として知られる少年渓温泉（桃源温泉とも）があり、さらに下流エリアには複数の温泉ホテルが点在する不老温泉（P132）もあり、これらは台湾南部の人たちにはよく知られています。

他にも石洞温泉、七抗温泉、十抗温泉、十二抗温泉、十三抗温泉などの野渓温泉が点在しており、旅行者が現実的に単独で入浴できるかどうかはさておき、かなり豊かな温泉が湧出するエリアです。このエリアを代表する温泉で、日本人の台湾ファンの間でもつとに知られているのが宝来温泉です。荖濃渓のリバーサイドに複数の温泉ホテルやキャンプ場が並び、穏やかな保養地の雰囲気を醸し出しています。

ただし、アクセスは少し大変。このエリアには高雄の中心部からバス1本で行けるものの、なんと片道約3時間。そのため、初めて宝来温泉や不老温泉を訪れる場合は弾丸旅は避けたほうが良く、のんびり宿泊して過ごすか、別のエリアへの移動の合間での入浴が良いと思います。

2017年に完成した日帰り入浴公園

僕はレンタカーの自走で複数回宝来温泉と不老温泉をハシゴしたりもしていますが、2017年に日帰り入浴にぴったりの公共施設ができました。「宝来花賞温泉公園（『宝来お花見公園』とも）」という施設です。SPAなどが充実した温泉施設で、「台湾の桜」とも呼ばれるカンラパプルックというピンク色の花の苗木が周囲に800株植えられているのだそうです。その名の通り春先には「お花見」と「温泉」

♨名称……宝来温泉（パオライ・ウェンチュエン）
♨アクセス……高雄中心部からバスで約3時間
♨泉質……弱アルカリ性炭酸水素ナトリウム泉
♨PH値……7.2
♨泉温……40〜50℃

を楽しめるという絶好の施設です。

家族連れのオバサンからの「台湾の名所」クイズ

　僕が「宝来花賞温泉公園」を訪れたのは、2023年6月の日曜日の昼間。あいにく天気は曇りでときどきにわか雨が降っていましたが、僕はめげずに複数のSPAを満喫していました。天候のせいで客足はまばらでしたが、もう一組、大人数の台湾人家族が来ていました。

「宝来花賞温泉公園」にはテントスペースもあり、温泉入浴と合わせて、ここで自前の弁当などを自由に食べることができるのですが、その家族の中の1人、台湾人のオバサンがテントのほうから僕に台湾語で声をかけてきました。

　いつも通りの下手クソな中国語で「僕は日本人です。台湾語はわかりません」と伝えると、今度は中国語で「あなた日本人？　よくこんな山奥の温泉まで来られたわね。どうやって来たの？　バス？」と尋ねてきます。

「いえ、レンタカーです」と伝えるとオバサンはさらに驚き「なんでここを知っているのか」「この後どこに行くのか」「あなたは何をしている人なのか」など矢継ぎ早に質問してきました。

　そして、僕の日本での職業と台湾の有名観光地はおおむね行ったことがあることを伝えると、オバサンは自身が行ったことがあるという「台湾の名所」の写真をス

「宝来花賞温泉公園」
高雄市六亀区宝来中学校裏手

マートフォンで次々に見せ「どこかわかるか」とクイズを出してきました。

僕は台湾の有名な観光名所はほとんど行ったことがあるので、それらの地名を言い当てると、オバサンはさらに目を丸くし「ここはどうだ」「ここは行ったことがないだろう」と次々と「台湾の名所」の写真を見せてきます。

クイズはだんだんと難易度を増し、特に山深いエリアは行ったこともなく知らない場所ばかりになってきました。僕が「うーん、ここはわからない」「ここもわからない」と降参すると、オバサンはようやく笑ってくれました。

そしてそれらの山深いエリアの名所を教えてくれた後、オバサンは急に小声になりました。「もしあなたがこういう山に行きたいときは、私の家族と一緒に行きましょう。そのときは私、先生(旦那さん)に『一緒に連れて行って良いか』お願いする」と僕の耳元で言ってくれました。

旅行者にとってはこんな地元の人との出会いやコミュニケーションが、その場所に赴いた記憶以上に、旅の思い出として頭に深く刻まれるものです。そして、こんなちょっとした出会いをきっかけに、しっかりと友情を築きあげていくことができるのも台湾。オバサンの優しさに癒されるように感じました。

全身を丸く包み込んでくれるような優しい湯ざわり

オバサンは「宝来花賞温泉公園」に来るにあたり、お弁当や自家製のかんてんで

「宝来花賞温泉公園」は足湯も含めた複数の浴槽があり、水着に着替えて男女混浴で楽しむことができる温泉施設です。写真左上のテントスペースで自前の食事などを自由に取ることができる他、ロッカーやシャワーも完備しています。

宝来温泉の源泉は弱アルカリ性炭酸泉。このヌルめ（26.2℃ほど）の浴槽に長時間浸かり、優しいオバサンとの交流を楽しみました。

できた甘味（なんという食べ物かわからない）などを持参していたようで、僕が温泉に浸かっている間も「これあげる」「これ美味しいよ」とアレコレと食べ物をお裾分けしてくれました。

そんな僕が浸かっていた温泉もまた、全身を丸く温かく包み込んでくれるような柔らかい湯ざわり。源泉は弱アルカリ性炭酸水素ナトリウム泉で、ほんの少しの濁りがありながらも基本はツルツルです。ヌルめの温度の丸い浴槽に長時間浸かると、体の芯までぽかぽかになりました。関子嶺温泉（P120）ほどのわかりやすいインパクトはないですが、やはり名泉だと感じた宝来温泉。明るく優しいオバサンとの会話も手伝い、温かい時間を過ごすことができました。

過剰な〝日本推し〟温泉ホテルで楽しむ不老の湯――【高雄・不老温泉】

宝来温泉から4キロ下流にある「死なない川」の温泉

宝来温泉（P127）から、荖濃渓をさらに4キロほど下ったエリアにある不老温泉。日本統治時代に発見され、かつては「新開温泉」と呼ばれていたところです。その由来は、荖濃渓の支流からメラメラと熱い温泉が絶えず湧き出ていることを見た現地の人が、その支流を「不老渓(死なない川)」と呼んだことで、これが語源となってやがて「不老温泉」と呼称され親しまれるようになりました。

開発当初は複数の公共浴場が存在したものの、水害で崩壊。しかし、宝来温泉と合わせてこの源泉と風土が評判を集め、復活を果たしました。温泉ホテルやキャンプ場などができ、今日では「高雄の温泉」として真っ先にこの名前をあげる人もいるほど認知されるようになりました。

ただし、宝来温泉同様アクセスは少々難ありで、高雄から不老温泉までを結ぶバスは片道約2時間半。できればのんびり宿泊して過ごすか、別のエリアへの移動の合間の日帰り入浴が良いと思います。

ちなみにこのエリアでは流しのタクシーなどはほとんど見かけません。不老温泉と宝来温泉を行き来する場合は基本はバスになると思います。バスの発着時間が合わないなどでタクシーが必要な場合は、温泉ホテルに頼んで呼んでもらうなどすると良いでしょう。

高雄初として誕生した歴史ある温泉ホテルを目指したが……

不老温泉エリアの温泉ホテルはいずれも点在しており「温泉街」「商店街」のよ

♨名称……不老温泉(プーラオ・ウェンチュエン)
♨アクセス……高雄中心部からバスで約2時間半
♨泉質……弱アルカリ性炭酸泉
♨PH値……7.7
♨泉温……44〜45℃

2010年に訪れた際の「不老温泉山荘（現『不老温泉渡假村』）」の様子。高雄で最も古い温泉ホテルとして知られています。当時、若いスタッフが日本語で親切に対応してくれた記憶が残っています。

「不老温泉山荘（現『不老温泉渡假村』）」のSPAの様子。ジャグジーなどの設備も十分で、地元の名泉を気軽に楽しむことができました。

うなものはありません。レンタカー自走なら、各温泉ホテルを見て回るのも良いですが、徒歩でそれをするのは結構大変なので、あらかじめ入るべき温泉ホテルを決めておくのがベターです。

不老温泉エリアで最も有名な温泉ホテルは、不老温泉エリアにかかるアーチ状の橋の近くにある、その名もズバリの「不老温泉渡假村」です。かつては「不老温泉山荘」の名で「高雄初の温泉ホテル」として知られていましたが、リニューアルをして、今もこのエリアを代表する温泉ホテルとして人気です。

僕がここを訪れたのは「不老温泉山荘」時代の2010年のこと。日本語を喋れる若いスタッフがとても親切に対応してくれた記憶があり、温泉もSPAも申し分のないものでした。「改めて浸かりに行こう」と思いましたが、その後、何度目かの来訪の際に、別の興味深い温泉ホテルを発見しました。

「美崙山温泉渡仮山荘」というところで、エントランスからしてかなりの日本推しがわかる造りです。鳥居のようなアーチ、柴犬の巨大フィギュア、桜をモチーフにした撮影用のモニュメント、太陽と月をモチーフにしたブランコなどが設置されています。

その過剰ぶりを前に神道の信仰心が強い人や、細かい部分が気になってしまう人は「こういうのはちょっと……」と違和感を覚えたりバカにするかもしれません。しかし、ノンポリ&ノン宗教の僕はこんな風に日本推しをしてくれるのがまず嬉しくて、まったく臆することなく「日本はこうだろう」と突っ走る感じが台湾的でど

「不老温泉渡假村」
高雄市六亀区新発里新開路82号

「美崙山温泉渡仮山荘」
高雄市六亀区新発新開路86号

通りがかりで見つけた「美崙山温泉渡仮山荘」。まず施設の敷地内にいくつもの日本推しのモニュメントがあり、これに惹かれて入ってみることにしたのですが、施設のスタッフも客の親日家のオジサンも皆温かく接してくれました。

宝来温泉にもよく似た泉質ですが、さらにライトで柔らかい印象を受けました。

うも惹かれてしまいます。

ここでも受付のお姉さんと親日家とおぼしきオジサンが優しくお出迎え

今回は「不老温泉渡假村」ではなく、この「美崙山温泉渡仮山荘」で日帰り入浴をすることにしました。受付の親切なお姉さんに「日本人です」と申し出ると、これまたおおいに喜んでくれ、さらに知り合いの親日家とおぼしき客のオジサンに声をかけて僕に紹介してくれました。

オジサンはスマートフォンの翻訳機能を使いながら、アレコレと台湾の温泉の名所や自身が旅行した日本各地の写真をガンガン見せてくれます。宝来温泉のオバサンといい、ここでの受付のお姉さんやオジサンといい、台湾人は友好的で心優しい人が多いです。

そんな温かいお出迎えを受けて「美崙山温泉渡仮山荘」のSPAスペースに入りました。思ったより広くないですが、それでも複数の浴槽があり、特にジャグジーなどが充実しています。

また、不老温泉エリアに共通する弱アルカリ性炭酸泉は、宝来温泉とよく似た湯ざわりですが、さらに柔らかくライトな印象。そのため、長時間の入浴でも安心して楽しめることに加え、賑やかな空気が流れているので家族連れの利用などにも最適のように思いました。歴史ある「不老温泉渡假村」はやや通向けで静かに過ごしたい場合はそちらをオススメします。そして、小さいお子さん連れの家族やグループで温泉に浸かる時間を楽しく共有したい場合は「美崙山温泉渡仮山荘」のほうが良いなと思いました。

日本統治時代からの貴重な施設で浸かる「台湾4大名泉」の一つ――【屏東・四重渓温泉】

高松宮宣仁親王はハネムーンで台湾には来ていない説

ここまでに度々紹介してきた「台湾4大名泉」の一つとして知られる屏東の四重渓温泉。

日本統治時代以前の1871年に、台湾に漂着した宮古島の島民が殺害された牡丹社事件の現場がある他、すぐ南の町・恒春には1875年に作られた恒春城の跡地が今も残り、また台湾の空前の大ヒット映画『海角七号』の舞台となったことから、台湾人の間ではよく知られている屏東を代表する温泉街です。

日本統治が始まった1895年に、恒春憲兵屯所の高橋憲兵曹長によって温泉が

♨名称……四重渓温泉（スーチョンシー・ウェンチュエン）
♨アクセス……高雄中心部からバスで約2時間。恒春中心部からバスで約40分
♨泉質……弱アルカリ性炭酸水素ナトリウム泉
♨PH値……8・5
♨泉温……50〜60℃

四重渓温泉近くにある「大日本琉球藩民五十四名墓」。1871年に起きた牡丹社事件で命を落とした宮古島の島民が眠っており、僕が訪れた際は墓石の周囲に日本酒や泡盛などの供物が並んでいました。また、この界隈は台湾軍の「三軍訓練基地」もあり多少緊張感のあるエリアですが、その入り口付近には等身大の象棋（台湾版将棋）を模したかわいいモニュメントがあります。

絵葉書で残っていた日本統治時代の四重渓温泉の様子。後述するエリア最古の温泉ホテル「清泉日式温泉旅館」の施設と酷似しており、おそらくはその前身「山口旅館」のものだと思われます。

発見され、後に温泉地として開発されるようになりました。

四重渓温泉は一般的に「1930年に高松宮宣仁親王が新婚旅行で訪れ一躍有名になった温泉」とされており、台日双方どのメディア、どのガイドブックでもそう紹介されていることから僕もそう認識していました。

しかし近年、僕が信頼する台日の歴史に詳しく特に屏東の取材量の多い有識者の方のSNSで「高松宮宣仁親王はそもそもハネムーンで台湾には赴かれておらず香港、シンガポール、セイロン島、ナポリを巡られた後、日本に帰ってこられた」という説を読み仰天しました。この辺の実際のところがどうなのかは僕にはよくわかりません。しかし、仮にこれが真実だとすると、この地の歴史が大きくひっくり返ることになります。ここではその真偽がどうなのかは追求しない上で四重渓温泉を紹介します。

僕が最初に訪れた2007年の四重渓温泉は「台湾4大名泉」の一つであり、「高松宮宣仁親王も宿泊された」という割には正直かなり寂れた印象の温泉地でした。

中心部の温泉路には昔ながらの小さな温泉民宿が複数と、これまた古めかしいお土産屋さんがあり、観光客が大挙して訪れる様子はなさそうでしたが、逆にこれが僕にとっては嬉しかったところで「ローカルな台湾の温泉地」としておおいに惹かれた記憶があります。

実際その際に浸かった小さな温泉民宿の露天風呂は、施設の洗濯物が干される脇にあり、眼前には絶景でもなんでもないただの畑。「格式高い温泉地」としての評

「四重渓温泉公園」
屏東県車城鎮温泉路玉泉巷30-10号

最近の四重渓温泉エリアの商店街の様子（写真左上）。かつては小さな温泉民宿や古いお土産屋さんが並んでいましたが、現在はほとんどのお店のシャッターが下りたままでした。また、2018年にオープンした「四重渓温泉公園」は鳥居が立ち「日本式」を強く打ち出す公共浴場を兼ねた施設。僕が訪れた際は残念なことにやっていませんでした。

過去何度となく訪れた四重渓温泉ですが、いつもどこかの大型ホテルが廃墟となっていました。ちなみに台湾では廃墟となると、あえて窓を完全に取り外す傾向が強いです。

価よりも台湾人のリアルな日常を感じられる温泉に浸かり「台湾に溶け込んだ」気分になれて嬉しく思ったことを覚えています。

それ以降も、このエリアを訪れる度に四重渓温泉にも立ち寄りましたが、小さな温泉民宿が続々と姿を消しモダンな施設にリニューアルしたり、新しい大型温泉ホテルが次々と増えていきました。その一方、特に大型温泉ホテルは廃墟となっているところが常にある状況でもありました。有名温泉地であるにもかかわらず、失礼ながらビジネス的にはとても厳しいように映りました。

四重渓温泉最古の「清泉日式温泉旅館」へ

今回、四重渓温泉で浸かることにしたのはエリアを代表する「清泉日式温泉旅館」です。日本統治時代に「山口旅館」の名で営業を始めたところで、まさしく「高松宮宣仁親王がハネムーンで泊まった」とされるエリア最古の温泉ホテルです。その成り立ちに合わせた日本式がコンセプトで、施設の随所に日本統治時代からのものと思われる灯籠《とうろう》や窓などが大切に残されています。当時からの建物をベースにしているため古めかしい感じが残りつつも今日まで補修を繰り返し細やかに整備されてきたことがよくわかります。それらを前に、かつて日本だった頃の台湾を想像しながら温泉に浸かると感慨深い気持ちになります。

男女混浴のＳＰＡが人気ですが、この他に男女別の風呂、客室には個室風呂もあり、

「清泉日式温泉旅館」
屏東県車城鎮温泉村文化路1号

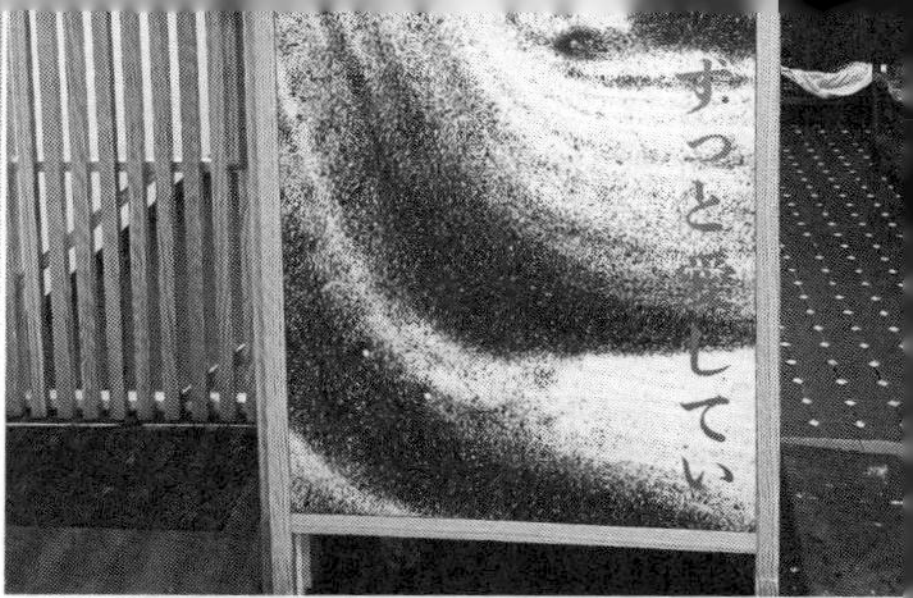

四重渓温泉の歴史とともに歩んできた「清泉日式温泉旅館」。その名の通りの日本推しで奥ゆかしい意匠が随所に見られますが、日本庭園の枯山水のビジュアルに乗せられたコピーは「ずっと愛してい」と途中で終わっていました。さておき、「清泉日式温泉旅館」には歴史を物語る建物が複数現存しており、温泉に浸かりながら日本統治時代の台湾を思い浮かべるのもまた格別なもの。必ず訪れるべき一湯です。

日本統治時代のものとおぼしき灯籠を囲んだ浴槽。「清泉日式温泉旅館」ならではの時間を過ごせるはずです。

様々なニーズに応えられる施設だと思います。

肝心の泉質は弱アルカリ性炭酸水素ナトリウム泉。透明度のある泉質ですが、うっすら黄身がかった色合いで微かに鉄分もあるような湯ざわり。それでいて刺激がそう強いわけでもなくバランスに優れた温泉だと思いました。聞けば、この温泉は飲用可能で、ミネラルウォーターとしても使われるほどだそう。「台湾4大名泉」の一つ、四重渓温泉は、今日もなお素晴らしい温泉が湧出していることを強く感じました。

程よくヌルめの温泉に2時間近く長湯をし、ついウトウトと寝てしまいました。ふと目を覚まし寝ぼけまなこで見上げる施設を前に、まるで日本にいるかのような錯覚を覚えました。

日本統治時代以前に開かれ、地元原住民だけに親しまれていた秘湯——【屏東・旭海温泉】

イギリス人冒険家が移動中に発見。一般には知らされなかった秘湯

四重渓温泉から南下すると、屏東南部の中心部・恒春を越え台湾最南端の墾丁エ

リアに入ります。

地図で言えば最も南の尖ったエリアで周囲を台湾海峡、バシー海峡、太平洋が囲んでいます。台湾では屈指のリゾート地として知られ、夏場は台湾人旅行者が大挙して訪れます。界隈にはプライベートビーチやプールを有するリゾートホテルが複数あり、忙《せわ》しない都心部とは真逆の雰囲気。贅沢な「夏の時間」を過ごすことができるエリアです。

この墾丁から、台湾本島をグルっと北上したエリアに小さな温泉地があります。それが太平洋に程近い旭海温泉です。

旭海温泉へは恒春からも四重渓エリアからも公共交通機関がなく、レンタカーの自走や恒春エリアからのタクシーチャーターでない限り、かなりアクセスが難しいです。そのため、日本人旅行者が旭海温泉を訪れるのは稀なはずです。レンタカー自走でその先の台東を目指すなどの場合に立ち寄るのが合理的で、僕が過去2回旭海温泉を訪れた際もそのようにして立ち寄りました。

台湾中でよく知られる近くの四重渓温泉に対し、このアクセスの不便さからマイナーな印象もある旭海温泉ですが、実はその歴史は古く、日本統治時代以前に発見されたそうです。

1887年、とあるイギリス人の探検家が地元原住民の案内で台東に向かう途中、この地の草山から湧出する温泉を発見。一般には知らされず、地元原住民の間のみで長らく親しまれてきたと言われています。

♨名称……旭海温泉（シュハイ・ウェンチュエン）
♨アクセス……恒春中心部からクルマで約50分。四重渓温泉からクルマで約1時間
♨泉質……弱アルカリ性炭酸泉
♨PH値……7・4
♨泉温……45℃

従来の公共浴場の他に個人旅館も静かに増えている

旭海温泉エリアには1軒の公共浴場、そしていくつかの「温泉に浸かれる」個人旅館が存在します。これは温泉に限った話ではありませんが、近年のホテル予約サイトやSNSなどの浸透で、台湾各地で個人旅館が増えています。

こういったプラットフォームを介して簡単に予約ができるようになった一方、現地を訪れると管理人がおらず、セルフチェックインやLINE電話などで中国語でスタッフを呼び出さないと入室できないところが多いため、実際は言葉が不慣れな旅行者には少々ハードル高め。ただし、どの個人旅館もおおむね「ネットでの評価」を気にしていることからか、言葉の問題さえクリアすれば、衛生的でリーズナブルなところが多いのも特徴です。ある程度、台湾旅に慣れている人、最低限の中国語を理解できる人であれば利用してみる価値は十分あると思います。

130年の歴史を持つこの地ならではの名泉

ここでは公共浴場「旭海温泉公共浴室」を紹介します。恒春または墾丁からの場合は省道台26号をぐるっと北上し、旭海路に直通してアクセスが可能です。四重渓温泉の場合は県道199号（後に旭海路に直通する）を北上するとアクセスすることができます。

「旭海温泉公共浴室」
屏東県牡丹郷旭海村旭海路97号

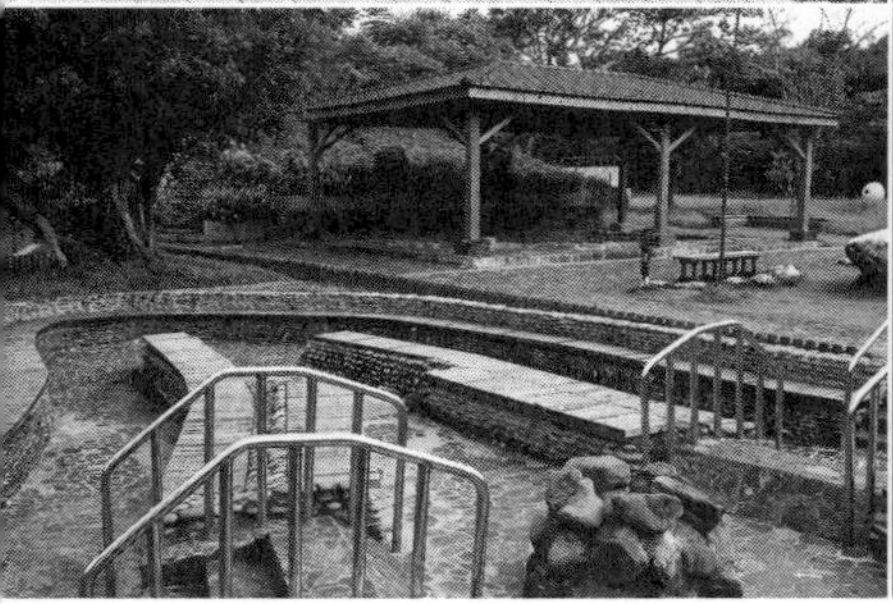

旭海温泉界隈の様子。とても衛生的で地元のパイワン族の人たちが村を大切にし続けていることがよくわかります（左上の写真）。公共浴場「旭海温泉公共浴室」もまたとても衛生的。地元の学生アルバイトとおぼしきスタッフがとても親切に対応してくれました。

アクセス的には少々ハードル高めだからでしょうか、僕が訪れた2回はいずれも他の客がおらず、貸切状態で名泉を楽しみました。

原住民・パイワン族が暮らす静かな村の施設ですが、実に衛生的。僕が訪れた際は有料なはずの駐車場もなぜか無料で使わせてくれました。同様の話を台湾の温泉のブログで見ましたが、「もうタダでいいや」ということになったのでしょうか。また、地元の学生アルバイトとおぼしきスタッフも親切。僕が日本人だと知ると、知っている限りの日本語で施設の中を案内してくれました。

「旭海温泉公共浴室」は男女別に分かれた温泉と、日本で言う家族風呂のような個室温泉、そして外部には足湯やプールがあります。失礼ながら田舎の村にある小さな公共浴場としては想像以上に細やかに管理されている印象です。

日本風の男湯のほうに入ると、客はゼロ。過去2回の来訪で別の客と鉢合わせたことはなく、「貸切だ」とおおいに喜び利用させてもらいました。

旭海温泉の源泉は弱アルカリ性炭酸泉。いわゆる「美人の湯」系の温泉ですが、ツルっとした質感である一方、黄身がかった色合い。そして、太平洋が近いからなのか塩っぽい印象もあります。そのため、肌荒れや傷などがあると、やや染みそうな印象を受けました。さすがは130年の歴史を持つ名泉。数分浸かっただけで体が温まり、湯上がりの保湿感も十分のように思いました。

前述の通り、アクセスが難しいマイナーな温泉ですが、地元に根付いたコアな原住民文化に触れられることもあり、台東への移動の途中や休憩スポットとして訪れる価値は十分ある温泉だと思います。

台湾が「温泉天国」である理由と「絶対に入れない温泉」

プレートの接点に位置する台湾本島

日本から見れば南国の台湾に、どうしてここまで温泉が存在するのでしょうか。ここで少し紹介します。

台湾の地殻はかなり特殊だと言われており、ユーラシアプレートとフィリピン海プレートの接点となるところに位置しており、環太平洋火山帯の中からの地熱が台湾本島全域に行き渡っています。そのため台湾中部の雲林、彰化を除くほとんどのエリアに源泉が存在し、各地ともに個性豊かな温泉を楽しむことができるのだと言われています。

分布で言うと、北部の大屯火山系の温泉が最も密集していると言われています。一方、中央山脈の両側にも温泉が数多く見られます。次章で触れる北東部・宜蘭から南部・屏東までが最も多いとされ、台湾本島全域の約8割以上を占めるとも言われています。

そして、そのほとんどが深い地底から地面に湧出する際に多様な鉱物質を伴い、地域によってその成分や濃度が異なるのが特徴です。結果的に、冷泉なども含め実に多彩な温泉を生み出しているというわけです。

「さつまいも型」「枯葉型」とも称される台湾本島。日本の九州より少しだけ小さいこの島のあちこちに無数の温泉が湧出しています。

離島の海に湧出する危険なほどに濃厚な硫黄泉――【亀山島・ミルクの海】

また、宜蘭の東にある無人島・亀山島は、周辺の海水の一部がきれいに白濁しています。

実はこれも温泉で、源泉は亀山島の海底火山から噴き出したもの。亀山島への上陸ツアーではフェリーで周辺の海を周るのですが、僕はそのいかにも濃そうな硫黄臭を前に「この海に浸かりたい」と思ったほどです。台湾ではこの海に広がる温泉と海水が入り混じる景色を「ミルクの海」と称することもあるようです。

台湾の海洋学者によれば、この亀山島周辺の海に流れる温泉は、かなり酸度が強いため、仮に人間が浸かり体を洗わないまま日を浴びてしまうと、肌荒れや皮むけを起こす可能性があると指摘しています。「ミルクの海」はあまりに濃厚すぎるあまりに、いわゆる温泉浴には適さないものでもあるようです。

こんな「そもそも入れない温泉」もあるほど多彩な温泉が各地に点在する台湾。僕はこれまでの経験から「台湾に行ったら温泉に浸からないでどうする」と思うようにさえなりました。

この本はもちろんのこと、様々な台湾の温泉ガイドブックや情報が、読者がお好みの温泉に浸かりながら各地を巡り、台湾の豊かな風土を体験するための一助となることを願っています。

01

02

03

01 モノクロなのでわかりにくくて恐縮ですが、亀山島の周辺の海に白っぽく写っているのが温泉です。周辺をフェリーで巡ると強烈な硫黄臭が鼻をつきます。硫黄泉大好きの僕はそのまま海に飛び込みたくなりましたが、実は濃厚すぎて浸かった後は肌が荒れる可能性があるそうです。02 亀山島は無人島ですが、フェリーに乗って趣く日帰りの観光ツアーがあります。出発港は宜蘭・頭城。興味のある方はぜひチェックしてみてください。03 亀山島は台湾の軍事拠点的な一面もある離島です。島内のところどころに、万一の有事の際の施設が複数あります。

第4章
台湾東部のゆるぽか温泉旅

小さな民宿のハイテンション奥さんとガッツリパンチある一湯――【台東・金崙温泉】

台湾東部の入り口・達仁の太平洋と背の高いヤシの木

屏東の旭海温泉エリアから北上し、南廻公路を東方面へ行くと、その先に太平洋が見えてきます。台東の達仁という場所で、南回りでの台湾東部への入り口です。

台湾にはいくつもの風光明媚な絶景スポットがありますが、「どこか一つ好きな台湾の景色を選べ」と言われれば、僕はこの達仁で見る太平洋、そしてさらに北上し度々顔を出すようになる背の高いヤシの木をあげます。達仁から眺める太平洋は海が荒れていることも多く一般的に見れば絶景とは言い難いです。また、背の高いヤシの木も台湾人からすれば別に珍しいものでもなさそうです。

しかし、太平洋のずっと先には日本があり、この海が台湾と日本の友情を繋いでくれているように思え、そして、背の高いヤシの木が海の先の日本に「こっちは台湾ですよ」と優しく手を振ってくれているように思えて、この普通の景色が僕にとっては「絶景」に感じられるのです。

こんな風にロマンチックな気分にさせてくれる太平洋を右手に眺めながら、南廻公路をさらに北上すると、その先にあるのが金崙温泉です。

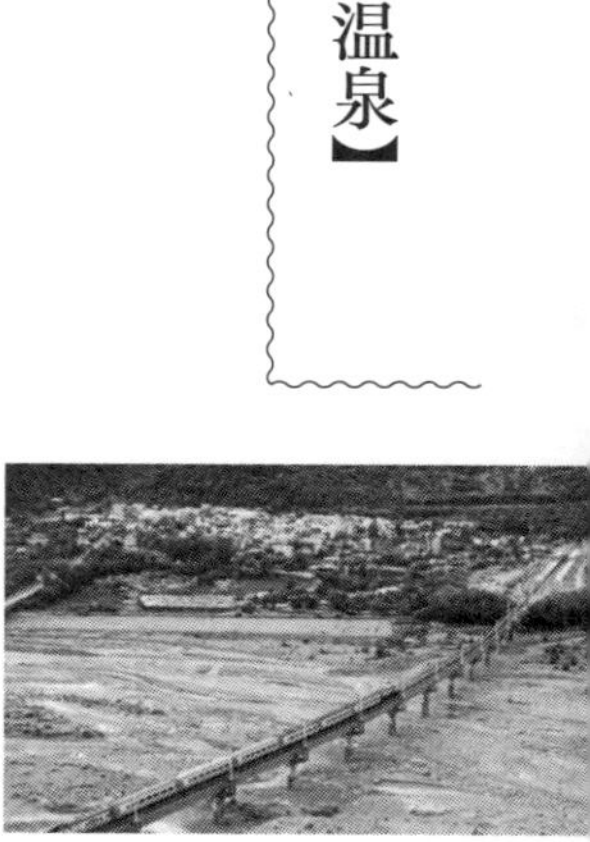

♨名称……金崙温泉（ジンルゥン・ウェンチュエン）
♨アクセス……台鉄・金崙駅から徒歩5〜30分（温泉施設がエリア各所に点在しています）
♨泉質……弱アルカリ性ナトリウム炭酸水素塩泉
♨PH値……7〜8
♨泉温……70〜90℃

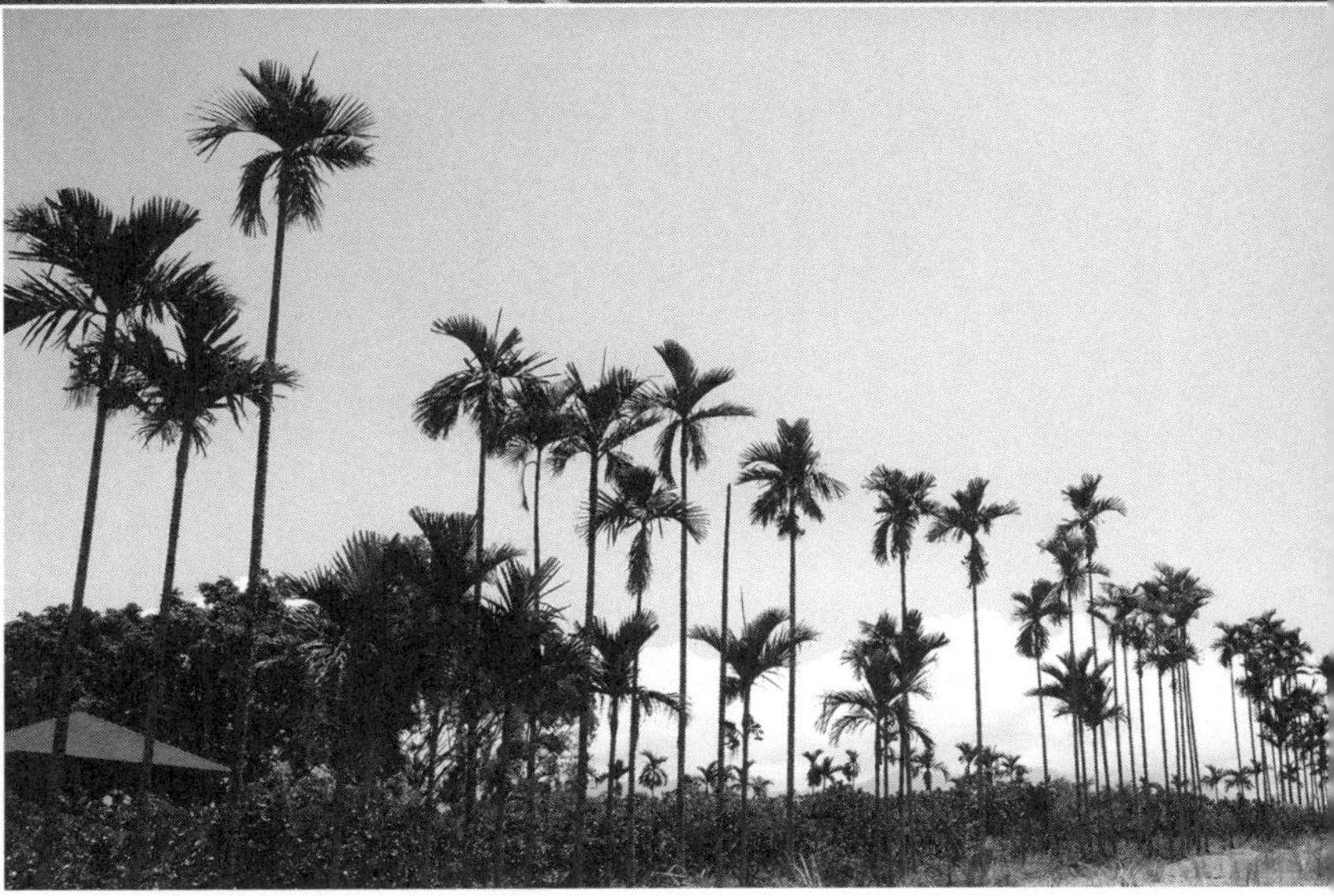

台湾南部から台湾東部への入り口でもある台東・達仁付近。広がる太平洋と、山側の背の高いヤシの木が穏やかに揺れる景色が、いかにも台湾的で僕は大好きです。

地元の原住民・パイワン族に親しまれた金崙温泉

金崙温泉は地元・パイワン族の間で知られていた野渓温泉がルーツです。開拓される以前は、毎年冬と春、パイワン族の人たちがスコップで地面を掘り簡素な設備を作り露天風呂として温泉を楽しんでいたそうです。後に日本統治時代を迎えると、この温泉を活用しようと金崙に赴任した日本人警察官が尽力し、小さい公共浴場が作られ、これが今日まで続く観光地化に繋がったと言われています。

そんな金崙温泉には現在は温泉ホテル、温泉旅館などが複数点在しており、その数は台東イチとも。ほぼ全ての施設が日帰り入浴に対応していますが、一番目立っているのが金崙温泉虹橋を渡った先の「丹堤温泉会館」というところ。パイワン族の神話に登場する壺から湯けむりがモクモクと立つ温泉ホテルです。

日帰り入浴はＳＰＡがメインですが、浴槽は極めてシンプル。ただし、風通しがすごく良くて、界隈の風を浴びながらの入浴は、他の温泉地では味わうことができない金崙温泉ならではの体験になるはずです。

予約した民宿のオーナーは偶然にも台日の夫婦だった

僕は２０２３年６月に久しぶりに金崙温泉を訪れました。しかし、このときはスケジュールが過密でゆっくりした時間を過ごすことができませんでした。そのため、

「丹堤温泉会館」
台東県太麻里郷多良村10
鄰多良2－2号

金崙温泉エリア。金崙駅周辺以外に商店などは少なく、一見すれば静かな原住民の村という印象ですが、各所に複数の温泉ホテルが並び、その数は台東イチとも。壺からモクモクと湯けむりを立てているのが「丹堤温泉会館」。金崙温泉エリアでは最も名の知れた温泉ホテルです。

「丹堤温泉会館」のSPA。派手なジャグジーやマッサージシャワーなどはないものの、この半露天風呂に通る風を浴びながらの入浴が気持ち良いです。

金崙駅周辺の小さな民宿「三和民宿」。温泉を楽しめる浴槽は施設裏手にあり、目の前には客室のものとおぼしきシーツの洗濯物が干されていましたが、実家のような感じで妙に落ち着きます。

小さな民宿なので温泉には正直期待していなかったものの、ガッツリパンチのある湯ざわりで大満足。のんびりとした静養ではなく、宿泊だけを求めた場合であれば十分すぎる民宿だと思います。

宿泊先は金崙駅からほど近い「三和民宿」というところを予約しました。小さな民宿ですが、溜まっていた洗濯物を洗いたくて、Googleで調べたところ、コインランドリーが近いことで決めました。

訪れるまで知りませんでしたが、「三和民宿」の家主の夫婦は台湾人の奥さんと日本人の旦那さんで、日本語がバッチリ通じるではありませんか。長距離の運転でヘトヘトでしたが、ハイテンションの奥さんと優しく見守る旦那さんにつられて僕もすぐに元気を取り戻し、チェックインしました。

肝心の温泉は宿の裏手にあります。複数の浴槽があり、周囲には客室のシーツとおぼしき洗濯物がぶら下がっていましたが、僕はこの感じが意外と好きです。たまには実家のような気持ちが和む風呂に浸かりたいものです。

ガッツリパンチのある温泉と奥さんのハイテンション

金崙温泉の源泉は弱アルカリ性ナトリウム炭酸水素塩泉。ここもまた「美人の湯」系の泉質ですが、旭海温泉（P144）同様、太平洋が近いせいからなのかどこか塩っぽい印象です。それでいて鉄っぽい香りもあり、かなり強めの湯ざわり。

ガッツリパンチのある湯は、疲れた体を癒してくれました。「良い湯ですね。ありがとうございます」と奥さんにお礼を言うと、またハイテンションで話が止まらなくなりました。「この間にコインランドリーが閉まるんじゃないか」と少し心配

「三和民宿」
台東県太麻里鎮金崙村355号

になりましたが、話の合間を見計らって慌てて洗濯しに行きました。個性的な民宿でしたが、深夜、無事に洗濯を終えきれいな施設でぐっすりと眠ることができました。

廟でも温泉に浸かれる？ 台東で最も名の知れた温泉地――【台東・知本温泉】

台東で最も施設の数が多い温泉地は金崙温泉（P152）ですが、最も名の知れた温泉地と言えば知本温泉です。日本統治時代の1917年に地元の原住民・プユマ族が偶然源泉を発見し、後に大開発が行われることに。ここもまた当時の警察の招待所や公共浴場が設置されました。

「八八水害」の甚大な被害にもめげず完全復興

戦後、日本が台湾から撤退すると、かつての警察の招待所は高官の招待所施設として接収された一方、民間の事業者が続々とその周辺の開発を実施。やがて今日まで続く台湾東部で最も名の知れる温泉地となりました。2009年に起きた「八八水害」では大きな被害を受け、「3ヶ月ほどかかる」と言われた復旧工事は結果的

♨名称……知本温泉（ヂーベン・ウェンチュエン）
♨アクセス……台鉄・知本駅からバスで約15分。または台東中心部からバスで約40分
♨泉質……弱アルカリ性ナトリウム炭酸水素塩泉
♨PH値……8・7
♨泉温……100℃以上

に半年かかったそうです。しかし、完全復興を果たし、台湾東部の観光名所の一つとして人気を取り戻し今日に至ります。

個人、グループともに宿泊にオススメな「東台温泉飯店」

知本温泉エリアは、中心を流れる知本渓を境に「内温泉区」「外温泉区」と区別されており、このうち特に温泉ホテルが多くあるのが「外温泉区」です。この「外温泉区」で僕が度々宿泊で利用しているのが「東台温泉飯店」。複数のＳＰＡがあり、バス停にも近いこと、そして大型ホテルなので「突然の来訪」でも空室が見つかりやすいことが利点です。僕はだいたい１人で宿泊していますが、他の客は台湾人のグループ客、家族連れが多いようです。遊具を備えた子ども用プール、個人風呂などを目当てにしていると思われ、個人はもちろんグループでも、老若男女誰もが楽しめる温泉ホテルだと思います。

賽銭をすることで廟裏手の浴室を利用できる「忠義堂」

他方、知本温泉には他にあまり例を見ない温泉施設もあります。それは「忠義堂」という廟。神様を祀る廟の裏手に、複数の簡易的な温泉風呂が用意されています。賽銭（いくらでも良い）をあげることで利用することが可能です。

「東台温泉飯店」台東県卑南郷温泉村龍泉路１４７号

「忠義堂」台東県卑南郷温泉村龍泉路38号

知本温泉もエリアのあちこちに湯けむりがモクモクと立っており、眺めるだけで気持ちが癒されます。大型の温泉ホテルが多い知本温泉ですが、各所ともSPA推し、室内風呂推しなど個性が異なります。そんな中で宿泊や来訪のアクセントとしてぜひ入浴して欲しいのが「忠義堂」の温泉です。

廟の入り口で幾ばくかのお賽銭をして裏手の浴室エリアへ。確かに施設は古いものの衛生的。石鹸、シャンプー、タオルなどはないので事前に用意しておきましょう。

僕が最初に「忠義堂」の浴室を利用させてもらったのは2007年のこと。正直かなり年季の入った廟で少々敷居が高めに感じていましたが、後にリニューアルされ、一般旅行者でも入りやすくなりました。

ただし、営利的に開放しているわけではないため、来訪時に関係者がいればもちろん丁寧にお礼を言って利用させてもらうようにしましょう。

知本温泉エリアの源泉は弱アルカリ性ナトリウム炭酸水素塩泉。PH値8・7とやや高めのツルツルの名泉を気軽に楽しませてくれます。「忠義堂」の浴室は大型ホテル宿泊時のアクセントとして、ぜひ利用してみてください。

予期せぬ地元中学校の訪問と合わせて浸かる世界的にも珍しい海底温泉──【緑島・朝日温泉】

戦後台湾の悲しい歴史を語る上で避けて通れない緑島

台東から東南の太平洋上に浮かぶ離島・緑島。火山の噴火によってできた島であることから日本統治時代には「火焼島」と呼ばれていましたが、1949年に緑島と改称されました。また、戦後の台湾の歴史を語る際に避けて通れない二・二八事件以降の恐怖政治の中で「反体制派」の政治犯を収容する2つの監獄が置かれたのもここ緑島。そのため、しばし一般上陸ができなかった離島でもありました。

上陸制限が解かれた後は、台湾のレジャーブームに伴い旅行者が訪れるようになり、特に例年4~9月頃には多くの旅行者が訪れ、ビーチアクティビティを筆頭に様々な観光を楽しんでいます。

その緑島観光を代表するものの一つが温泉です。日本の九州、イタリアのシシリー島、そしてここ緑島にしかないという海底温泉で、源泉は硫酸塩泉です。日本統治時代から知られており、かつては「旭温泉」の名で親しまれていたそうですが、後に「朝日温泉」と改称。きれいに整備された施設が開発され今日に至ります。

曖昧でゆるかった離島やリゾート地のレンタルバイク事情

僕が緑島を初めて訪れたのは2006年。当時の台湾は「外国籍の人の運転」が認められていない時代でしたが、特に台湾の離島部や屏東の墾丁などのリゾート地では「足」がないと巡ることが難しいため、バイクの運転などに対するルールがゆるく、パスポートで本人確認をするだけで簡単にレンタルバイクを借りることができました。「返却時は鍵をつけたまま港に置いておく」というゆるっぷりですが、

♨名称……朝日温泉(チャオリー・ウェンチュエン)
♨アクセス……緑島・南寮港よりバイクまたはクルマで約20分
♨泉質……硫酸塩泉
♨PH値……7・5
♨泉温……60～70℃

台東・富岡港から緑島まではフェリーで片道約50分。フェリーが到着した先にはレンタルバイク屋さんが待ち構えています。業者によっては先を見越して、富岡港にいる時点でレンタルバイクの営業をかけてくることもあります。免許さえあれば、緑島での「足」のゲットに困ることはないでしょう。

緑島の島内一周道路は全長約18キロ。それほど大きくない島ですが、名所があちこちにあり、海・山の野趣溢れるダイナミックな景色やビーチアクティビティを楽しむことができます。

小さな島なので、これで十分ということなのでしょう。

他方で万一の事故や警察に追及された際の責任は全て自分で取ることが大前提でもありました。そのため緑島で初めてレンタルバイクにまたがった際は「お巡りさんに職務質問を受けたらどうしよう」と冷や汗をかきながら島内の名所を巡ったことを覚えています。

様々な名所が混在する中、老若男女が同時に楽しめるのが海底温泉

緑島には自然豊かなスポットと、冒頭で触れたような悲しい歴史にまつわる名所が混在しています。そんな中で老若男女が一緒に楽しめるものが海底温泉だと思います。朝日温泉にある公共浴場の名は、ズバリ「朝日温泉」。きれいに整備された施設で陸地にプールを有する一方、海に向かって幾何学的なデザインの遊歩道と浴槽が複数あり、海岸のほうでは天然温泉も楽しめる仕組みです。

台湾の海底温泉と言うと、金山温泉（P044）のそれをイメージしますが、金山温泉は大屯山由来のもの。朝日温泉は海水由来で、海水あるいは地下水が地底に染み込み、地下のマグマに触れ加熱されたものが湧出されているようです。海水に浸かっているはずなのになぜかぽかぽか温まるという不思議な感じを覚えます。

塩分多めの湯ざわりですが、どこかツルっと柔らかくも感じる質感。波がほとんど立たない目の前の海を眺めていると、気持ちがスーっと安らぎます。

「朝日温泉」台東県緑島郷温泉路167号

中学生に道を尋ねたはずが、いつの間にか教室で挨拶

僕は3度ほど緑島に訪れていますが、2007年に実施された「台日運転免許相互承認制度」（P204）以降は、日本人の台湾国内での運転が正式に認められたため、緊張せずにレンタルバイクで巡れるようになりました。

2011年に緑島に再訪した際のこと。レンタルバイクで各所を巡っていたのですが、あるエリアで道に迷いました。たまたまその近くには中学校があり、近くにいた中学生の男の子に下手クソな中国語で道を尋ねました。すると、その男の子は「あなた日本人？　ちょっと待って」と言い、慌てて先生を呼びに行きました。

程なくして、まだ20代ほどの若い女性の先生がやってきました。てっきり僕は、その先生が日本語を喋ることができ、道案内のために男の子が呼びに行ってくれたのだと思いました。しかし、先生は開口一番、中国語で予想だにしないことを僕に求めてきました。

「日本人が緑島に来るのは珍しい。教室に来てもらって日本語で中学生たちに挨拶してくれないか」

僕は中国語が完璧ではないため、実はこれも正確には聞き取れていませんでした。先生は「どうぞ来てください」と、ぐいぐい僕を教室へと招き入れます。

中学生たちは昼休みでダラっとしています。そんな空気の前で、僕は下手クソな中国語を交えながらクラスの中学生たちに、急に挨拶することになりました。当然、

緑島の「朝日温泉」の様子。幾何学的な遊歩道と浴槽の先には海辺でそのまま浸かれるエリアも。

日本人を代表して挨拶することになった緑島の中学校（台東県立緑島国民中学）の様子。なんだか所在ない感じでしたが、中学生たちもまた「誰これ？」といった表情を浮かべていました。

緑島の中学生のハートを摑むような「徳のある話」はできず、せいぜい自分の名前と、緑島に来た理由や素晴らしいところを、語彙乏しいままに根性で伝えるしかできませんでした。

なんとなく所在ない格好になりました。そして、肝心の中学生たちも突然現れた日本人のオッサンを前に苦笑いをし「誰これ?」といった表情を浮かべています。そんな中で当の先生だけはニッコニコ。おそらくは中学生たちに「外国人」「日本人」に触れさせることで国際交流をはかりたかったのではないかと思います。挨拶が終わると先生は丁寧にお礼を言ってくれて僕を見送ってくれました。

しかし、学校を出てからよくよく考えると、当初尋ねたかった「道」を中学生からも先生からも教えてもらえておらず、結局また道に迷いながら目的地を目指すことになりました。

普通に考えれば「道を尋ねたのに、急に中学校の教室に招かれて挨拶とかおかしいだろ」と思いますが、台湾では本来したかったことや目的が、周囲の思惑や事情に巻き込まれて「いつの間にか違うことをさせられる格好になる」ことはそう珍しくありません。

しかし、それもまた台湾の自由でチャーミングなところで僕は大好きです。台湾人は日本人よりも人と人との垣根のようなものが低く、温かい人が多いです。この緑島での体験を思い出す度に「どうしてこんな展開になるんだよ」と今も笑って思い出します。

指をくわえて帰ってきた「500元紙幣のモチーフ」の村の温泉──【台東・台東紅葉温泉】

「500元紙幣のモチーフ」になった台湾少年野球の聖地

台湾東部で「紅葉温泉」と聞けば閉鎖中の花蓮の紅葉温泉（P118）を思い浮かべますが、実は台東にも同じ名の温泉があります。原住民・ブヌン族が暮らす延平郷紅葉村にある温泉で花蓮のそれと区別するように「台東紅葉温泉」と称されます。

紅葉村は台湾の「少年野球の聖地」として知られています。1968年に日本の少年野球チームが台湾を訪れ親善試合を行ったところ台湾側が圧勝。その勝利を収めたのが紅葉村の少年野球チームでした。

以来、台湾の少年野球の聖地となった紅葉村ですが、台湾の500元紙幣で帽子を宙に投げる野球少年たちは、まさしく紅葉村の少年野球チームがモチーフになっています。台湾国内ではそれだけよく知られた村でもあります。

台湾中の人が知る一方、かなりの人里離れた村

しかし、この知名度の一方、紅葉村の温泉が湧き出るエリアには商店などはほと

♨名称……台東紅葉温泉（タイドンホンイェ・ウェンチュエン）
♨アクセス……台鉄・鹿野駅からタクシーまたはクルマで約30分
♨泉質……弱アルカリ性炭酸水素ナトリウム泉
♨PH値……6・5
♨泉温……約61℃

紅葉村の様子。台湾の500元紙幣で嬉しそうに帽子を投げる野球少年たちはまさに紅葉村のチームがモチーフです。紅葉村のあちこちにブヌン族や野球にまつわるモニュメントがありますが、人影は極めてまばら。1軒だけ温泉施設を見つけましたが、浴槽に温泉が張られておらず無人でした。

温泉が湧出しているという紅葉橋付近。この橋の近くで野渓温泉を楽しめるということでした。

んどなく、自慢の温泉を楽しめるスポットも一般的には後述する施設のみ。人影もまばらなかなりローカルな村です。

2023年6月、僕はこの台東紅葉温泉を目指しました。地元の人・旅行者が温泉を楽しむ場合、紅葉橋という橋の下の大きな川の岸辺の地面を掘り、そこから湧き出る温泉に浸かるのが一般的だと言われていました。いわゆる野渓温泉ですが、地図で確認するとクルマなら無理なくアクセスできそうです。ワクワクしながらレンタカーで向かいました。

紅葉橋のすぐ下に温泉池を発見

レンタカーで紅葉村に入るもずっと緑が続き、数キロ走っても人とも車ともすれ違うことがありませんでしたが、やっと紅葉橋を見つけることができました。この紅葉橋から下の川の端のほうを見ると、確かに誰かが掘ったとおぼしき温泉池がありました。

「確かにある！　あの温泉に浸かるぞ」と川下に下りられそうな場所はないかと周囲を確認しました。紅葉橋の脇にはかつて存在したであろう川下に下る階段の跡がありましたが、倒壊したまま野放し状態。雑草が鬱蒼と生えており、これはまず無理です。そのすぐ脇に誰かが「川下まで下りるために」繋いだと思われるロープがあり、これを伝っていけば下りられる寸法のようでした。

紅葉橋から川下を覗くと、確かに誰かが掘った温泉池がありました（中央付近）。

しかし、紅葉橋の脇にある川下に下りる階段は事実上封鎖。その脇に誰かが繋いだロープがありましたが､1人でこれを伝って下りる勇気はなく泣く泣く諦めて帰ることに。来訪時に工事中だった「紅葉谷緑能温泉園区」は後に完成。台東紅葉温泉はここで気軽に楽しめるようになりました。

しかし、ロープの向こうも木々が絡まりながらの絶壁になっており、先の状態がまったく確認できません。仮に下りられたとしても1人で上って帰ってこられるかどうか……まったく自信が持てなかった僕はここで入浴を断念。泣く泣く橋の下の温泉池を眺めるだけで帰ってくることにしました。

諦めきれず、付近に温泉施設などがないか探して回りました。1軒だけ温泉旅館風のところを見つけましたが、誰もいません。そして、工事中の「紅葉谷緑能温泉園区」という公園風施設を発見しました。工事中なのでここでの入浴は難しくとも、どこか浸かれる穴場を教えてくれるかも、と係の人に尋ねてみました。

しかし、係の人は早口で僕に何かを教えてくれましたが、僕のヒアリング力では理解することができず何を言っているのかわかりませんでした。

後に「温泉園区」が完成。現在は誰でも気軽に浸かれるようになった

というわけで情けないことに台東紅葉温泉には浸かれぬまま帰ってきたのですが、2024年に吉報が入りました。あの日、立ち寄った「紅葉谷緑能温泉園区」が開業し、気軽に台東紅葉温泉を楽しめるようになったというのです。なるほど、先の係の人は「2024年にこの公園が完成するけど、それまでは紅葉温泉に浸かれる場所はない」と教えてくれたのかもしれません。「紅葉谷緑能温泉園区」は近い将来、地元の地熱を使った発電を取り入れる予定のようで、グリーンエネルギーの実例地

「紅葉谷緑能温泉園区」
台東県延平郷紅葉村紅谷路123号

としても注目を浴びることになりそうです。

いまだに僕は台東紅葉温泉に浸かれぬままですが、台東エリアに行く人は、事前情報をよく調べた上で「紅葉谷緑能温泉園区」を訪れてみてはいかがでしょうか。できたばかりのきれいな施設で浸かる、澄んだ弱アルカリ性炭酸水素ナトリウム泉の湯ざわり、僕も次回の温泉旅で体験したいと思います。

日本統治時代の警察の招待所を大切に遺し続ける台湾東部の一泉――【花蓮・安通温泉】

最寄駅からはやや遠めでも必ず訪れてほしい一湯

台東の延平郷をさらに北上すると、台湾随一の米どころの池上を境に海側が台東、山側が花蓮に分かれます。その分かれた花蓮側の先にある玉里の安通という村も温泉が湧出するエリアとして知られています。海側の台東から山側の花蓮の東西へと抜ける界隈では唯一の道路、玉長公路に面した場所にあります。

公共交通機関でのアクセスの場合は最寄り駅の台鉄・玉里駅からタクシーで15キ

♨名称……安通温泉（アントン・ウェンチュエン）
♨アクセス……台鉄・玉里駅からタクシーまたはクルマで約30分
♨泉質……弱アルカリ性炭酸水素ナトリウム泉
♨PH値……7～8・2
♨泉温……約66℃

ロほど。やや遠いですが、後述する日本とのゆかり深いエピソードを知れば一度は訪れたくなる温泉であることをわかってもらえると思います。

日本統治時代の建築物が今もきれいに遺り続ける

安通温泉の成り立ちもまた日本統治時代のこと。1904年、この地に樟脳《しょうのう》の採取のために訪れた日本人が、付近を流れる川・安通渓の岸辺にある温泉の源泉を発見。その後1930年になって、警察の招待所や公共浴場が建設されました。特に警察の招待所はヒノキなどを使った豪華なものでしたが、戦後日本が台湾から撤退すると、この招待所は玉里町に接収されました。しかし、当時は玉里町の予算は乏しく、この貴重な施設を接収したはいいものの、運営や改装などをすることができず、そのまま手付かずの状態が続いていたそうです。

1973年になり、民間事業者がこの招待所を町から買い取り「安通温泉大旅社」としてリスタート。さらにこの業者は後に「安通温泉飯店」を新たに道路沿いにオープン。こちらを「新館」として温泉施設にした一方、従来の「安通温泉大旅社」を「旧館」とし、歴史を物語る施設として「安通温泉歴史建築文物館」の名で一般に開放することになりました。

旧館のほうは温泉に浸かることはできませんが、日本統治時代の面影を残す貴重な室内を自由に参観することができます。ヒノキを使った建物は修復を経て、ほぼ

「安通温泉飯店」
花蓮県玉里鎮楽合里温泉36号

写真左上が「安通温泉飯店」旧館で現在は「安通温泉歴史建築文物館」となった施設。一見の価値ありです。写真右上が新館。温泉はこちらで楽しむことができます。

「安通温泉飯店」新館は落ち着いた雰囲気ですが、家族連れなどでも楽しめるようなアトラクション風呂もあります。スタッフも親切で、台湾中の温泉ホテルの中でもハイレベルな施設だと思います。

訪れる度に浴槽が増えていたり、リニューアルされていたりして、オーナーやスタッフが現状におごらず、常により良いサービスを提供しようと考えているように感じられます。

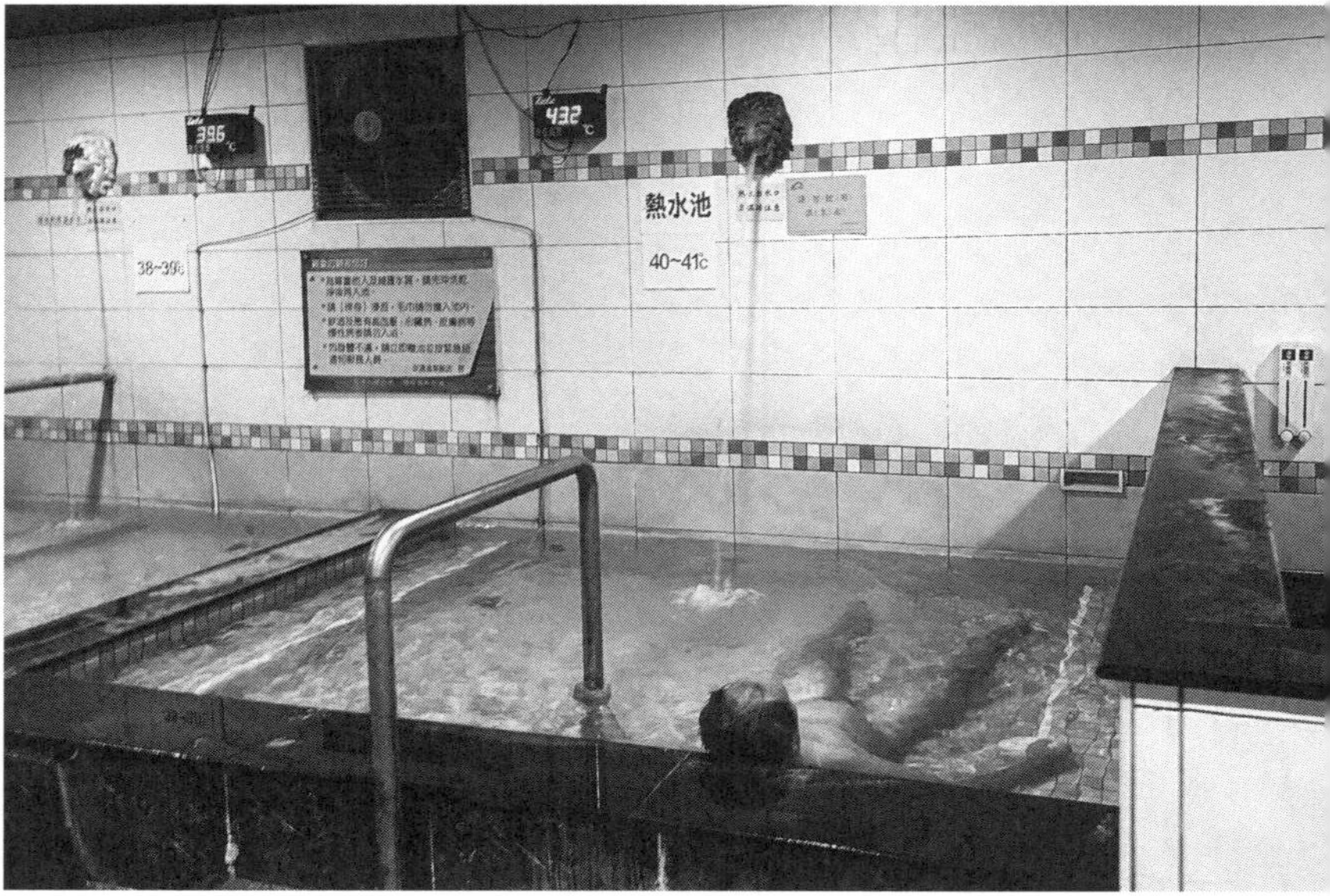

当初はなかった男女別の裸湯。マッサージ風呂が最高で旅の疲れを癒してくれます。

当時の原形を留めています。その建築にも感動するばかりですが、他方でここまでかつての日本の建物を大切に守り抜いてくれている台湾人にも頭が下がる思いです。

進化を遂げ続ける「安通温泉飯店」新館

温泉に浸かれる「安通温泉飯店」新館は宿泊もできますが、僕は台東と花蓮をレンタカー自走で行き来する際、いつも日帰り入浴で軽くひとっ風呂浴びます。現在は初めて訪れた2007年頃よりも浴槽が複数増えました。前述の旧館はできる限り原形を保つことを貫き、新館では柔軟に新しいニーズに応えるよう努力されているように思え、この点にもまた敬服するばかりです。

安通温泉の源泉は弱アルカリ性の炭酸水素ナトリウム泉。ほのかな硫黄を感じる無色透明の温泉ですが、滑らかな質感で柔らかく肌にまとわりつきます。皮膚病や婦人病などに効能があるとされ、これらの持病に悩む人たちも多く訪れるようです。

男女混浴のSPAでの入浴も楽しいですが、当初はなかった男女が分かれた裸湯も魅力的で、こちらには全身をマッサージしてくれる浴槽もあります。僕はいつもこのエリアをレンタカー自走の超弾丸で巡っていることが多く、マッサージ風呂は疲れた体をおおいに癒してくれます。

日本統治時代の趣きを大切にしてくれている温泉地は台湾各所にありますが、特にオススメなのがここ「安通温泉飯店」。旧館・新館ともにぜひ訪れて欲しいです。

「嫌日家（?）」のオジイサンと浸かった茶色く濁った名泉――【花蓮・瑞穂温泉】

兵庫県の有馬温泉の2つの源泉と偶然にも似ている瑞穂温泉

安通温泉（P173）の最寄り駅、台鉄・玉里駅から北に向かって2つ目の駅、瑞穂。牛乳を台湾中に出荷する瑞穂牧場をはじめ見どころが複数あるエリアですが、ここにも瑞穂温泉という興味深い温泉があります。

瑞穂温泉もまた日本統治時代に発見された温泉です。1919年に日本人により炭酸水素ナトリウム泉、炭酸塩泉の2つの源泉が発見されました。

これら2つの源泉は日本の兵庫県の有馬温泉の金泉、銀泉とよく似ており、同エリアに異なる2つの源泉が湧出していることも似ていることから当時おおいに話題になったそうです。

そして、1922年には大浴場付きの旅館「滴翠閣」が建てられました。戦後、台湾から日本が撤退した後、「滴翠閣」は民間事業者が運営することとなり「瑞穂温泉山荘」という施設名に変わって、現在も一部に開業当初の面影を残しながら営業を続け、瑞穂エリア最古の施設として台湾中に知られています。

僕は本格的に台湾にハマり始めた頃に、これらのエピソードを知り「瑞穂温泉山

♨名称……瑞穂温泉（ルイスェイ・ウェンチュエン）
♨アクセス……台鉄・瑞穂駅からタクシーまたはクルマで約15分
♨泉質……炭酸水素ナトリウム泉、炭酸塩泉
♨PH値……6～7
♨泉温……約48℃

開業当初の「滴翠閣」の様子。この建物の一部が今も残るのが「瑞穂温泉山荘」という旅館です。

瑞穂温泉へは瑞穂エリアの平地から山のほう（台湾本島中央部）に伸びる真っ直ぐの道を進んでいきます。「瑞穂温泉山荘」は山の中腹にあたる場所にあり、ここから眺める景色がまた最高です。ちなみにこの瑞穂温泉エリアをさらに奥に進むと、現在閉鎖中の「紅葉温泉」（P118）があります。

荘」へと向かいました。

当時、受付にいたオーナーとおぼしきオジサンは日本語が堪能で、改めて日本統治時代のエピソードを僕に親切に教えてくれ、「ゆっくり浸かっていきなさい」と大きな露天風呂に案内してくれました。年季が入った浴槽には茶色く濁った温泉が張られており、先客の台湾人（閩南人）のオジイサンが無表情で浸かっていました。

受付のオジサンが去った後、僕が温泉に浸かるや否や、先客のオジイサンが流暢な日本語で「あなた日本人か」と話しかけてきました。僕は「そうです。日本語がお上手ですね」と悪気なく返したのですが、ここでオジイサンの表情がかわり、こう言いました。

「私は好んで日本語が上手になったのではなく、無理に日本人に教えられたのです」

「だから私は日本が好きになれません」

当時の僕は今以上に無知でした。今ではそんなことを口にすることはないものの、日本語を話す台湾人の年配の方に対し、日本人が「日本語がお上手ですね」と言うのは不適切です。オジイサンが怒るのは当然で僕は平謝りするばかりでした。

そして、オジイサンはさらに話を進めました。オジイサンが宜蘭出身であること、日本統治時代に小学校で日本人にいじめられたこと、どれだけ勉強をがんばっても日本人ばかりが優遇されたこと、徒競走で一番になったのに認めてもらえなかった

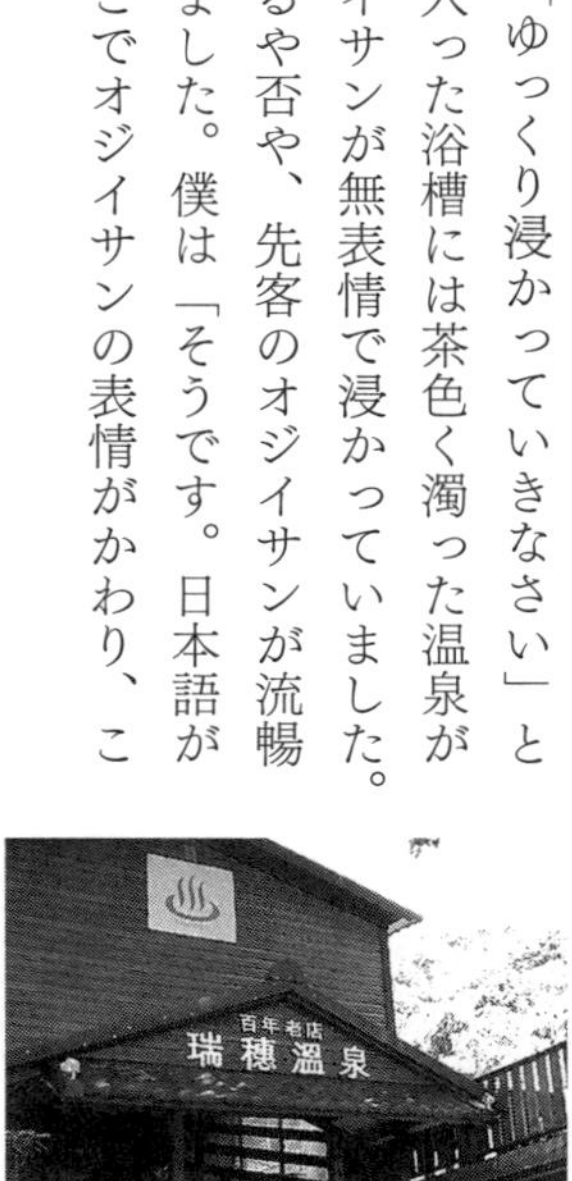

「瑞穂温泉山荘」
花蓮県瑞穂郷温泉路三段35-10号

「瑞穂温泉山荘」の様子。100年以上の歴史を持つ施設なので年季が入っていますが、旅行者にとってはそれもまた貴重な体験になるはず。ぜひとも訪れて欲しい一湯です。

2024年6月に再訪した際は、複数あるうち一番大きな浴槽にのみお湯が張られていました。この茶色く濁った温泉に浸かりながらオジイサンに失礼なことを言い、叱られたことを思い出しました。

こと、戦争に負け日本が台湾を手放したことなど……。それらの話をした後、オジイサンは「だから私は日本が好きになれません」とも言いました。

カルチャーショックでした。それまでの僕は乱暴に「台湾人は全員親日」と少し傲慢に思い込んでいました。読みあさった台湾関連の本を誤読していたこと、そして台湾では、どこのどんな場面でも、親切に温かく迎えてくれる台湾人ばかりだったため、無自覚に台湾に甘えるように「台湾人は全員親日」と都合良く解釈していたのでした。

オジイサンの話を聞き、僕は台湾に対する見方が変わりました。「台湾人は親日家が多い傾向があるものの、必ずしもそうであるとは言い切れない」と思うようになりました。

また、日本と縁が深い台湾だからこそ、その歴史をできるだけ学び、無礼や不義理がないようにとも考えるようになりました。今もってこれが完璧にできているわけではないものの、「瑞穂温泉山荘」でのオジイサンとの出会いは僕の中に強烈な体験として残っています。

オジイサンは温泉に浸かり続けながら少しだけ笑顔を浮かべてくれた

オジイサンの話は止まりませんでした。最初に怒られているため、ビクビクして口を挟むことができず、どのタイミングで温泉を出るべきか困りましたが、いよいよのぼせそうになったところで「すみません。そろそろ出ます」と浴槽を後にしました。

　オジイサンは温泉に強いのか、僕がシャワーを浴び着替えて施設を後にする間も、ずっと無表情で温泉に浸かったままでした。最後に「ありがとうございました」と伝えると、無表情だったオジイサンは少しだけ笑顔を浮かべてくれ「さようなら」と言ってくれました。

湯船の底から細かくブクブク湧出する宜蘭の野渓温泉――【宜蘭・梵梵温泉】

宜蘭のタイヤル族の村に湧く2つの温泉

　瑞穂から北上すると、花蓮の中心部があり、さらに北上すると台湾屈指の景勝地・太魯閣があります。太魯閣を左手に見ながら太平洋沿いの道路・蘇花公路をさらに北上していくと、やがて宜蘭に入ります。

　そして、冷泉の項で紹介した蘇澳冷泉（P073）のある辺りをさらに越え、宜

♨名称……梵梵温泉（ファンファン・ウェンチュエン）
♨アクセス……台鉄・羅東駅または宜蘭駅からバスで約50分
♨泉質……炭酸水素塩泉
♨PH値……6・4
♨泉温……約60℃

蘭の中心部・羅東に着きます。

この羅東から西の山のほうに向かうと、次第にのどかな景色が続くようになり、進んでいくと蘭陽渓という大きな川があります。この界隈は大同郷という場所で原住民・タイヤル族が多く暮らすエリア。数はそう多くないものの温泉も各所にあり、日本人の台湾ファンの間でもよく知られています。その代表的な2つの温泉地が梵梵温泉と鳩之沢温泉（P188）です。

複数回の来訪でも一度も見つけられなかった梵梵温泉

梵梵温泉は温泉だらけの台湾の中でも「比較的利用しやすい野渓温泉」として知られています。僕は台湾でレンタカーを運転するようになってすぐにこの梵梵温泉と鳩之沢温泉へと向かいました。2008年のことですが、しかし複数回来訪して、梵梵温泉には一度も浸かることができぬままでした。どうして浸かれなかったのかと言うと、いつも1人で温泉の場所を自力で見つけられなかったからです。また、「梵梵温泉に浸かれなくても、近くに鳩之沢温泉があるからまぁいいか」と諦めがちで、川沿いの石だらけのゴロゴロ道を一定距離歩いただけで、すぐ引き返してくることを繰り返していました。

そんな経緯がある中で、久しぶりに再訪した2023年9月。ついに梵梵温泉に浸かることができました。

「梵梵温泉」
近くの小学校「四季国民小学英士分校（宜蘭県大同郷梵梵巷100号）」から裏手に流れる梵梵渓に入る

梵梵温泉の入り口の「英士社区」。この門をくぐり、数軒並ぶ民家の先に小学校があり、その先をさらに進むと川下に出られます。クルマの場合は小学校脇の公共駐車場に、無料で停めることができます。あまりにも外部からの来訪者が多いことからか、小学校では梵梵温泉にかかわることには一貫して応じてくれず、トイレなどを貸すこともないようです。

梵梵温泉がある梵梵渓という穏やかな川。石だらけのゴロゴロ道で、このエリアのどこに野渓温泉があるのか、僕は複数回訪れてもわからないままでした。

台湾人グループにくっついて梵梵温泉の温泉池を目指す

梵梵温泉は、前述の蘭陽渓に程近い英士村という場所にあり、この村の小学校の脇を入って野渓温泉に行くのが一般的です。この日は小学校脇の駐車場に「梵梵温泉に浸かりに来た」といった感じの台湾人のグループを発見しました。

彼らに話しかけ、「一緒に行ってもいいですか?」とお願いし彼らの後ろにくっついて目指すことにしました。この数年間で梵梵温泉を訪れる台湾人旅行者が増えたのか、僕が数回トライした頃とは様子が異なっていました。川の周囲にはきれいな案内板が立ち、川を渡るために誰かが作った丸太の橋もできていました。ただし、石だらけのゴロゴロ道は相変わらず。前を進む女性の、石で転ばぬよう姿勢良く足を踏ん張りながらグングン前に進み歩く様子が頼もしく、僕も真似して歩くことにしました。

石だらけのゴロゴロ道を進むこと約10分。ようやく梵梵温泉の温泉池が見えてきました。先客がおり、皆温泉を前にくつろいでいます。先のグループの女性に改めてお礼を伝え、さっそく水着に着替えて梵梵温泉に浸かることにしました。

底から微かにブクブク湧き出る様子を見て感激

川臭さなどはなく無臭で温泉池の底まで透き通って見えます。そして、その底か

2023年9月に再訪した際の梵梵温泉。きれいな案内板が立ち、誰かが作った丸太の橋などもありました。偶然出会った台湾人グループに頼み込んで、後ろにつかせてもらうことに。10分ほど歩いてようやく梵梵温泉の温泉池に辿り着くことができました。

透き通る温泉はぽかぽかと温かく、その池の底からは微かにブクブクと気泡が見えます。大満足でしたが、程なくして写真の通りポツリポツリと雨が降ってきてしまいました。

ら微かに湧きだすブクブクとした気泡もまた野渓温泉ならではのもので、おおいに感激しました。

源泉は炭酸水素塩泉ですが、クセのない軽い湯ざわりで優しく体に浸透する印象を受けました。長年トライし続け、やっと梵梵温泉に浸かることができた嬉しさもあり、しばし温泉を楽しみましたが、やがてポツリポツリと雨が。

またあの石だらけのゴロゴロ道を大雨の中戻るのは辛いと、慌てて温泉池から出て水着の上にレインコートを羽織り戻ることにしました。連れてきてくれたグループの人たちは「雨の様子を見てもう少しいる」と言いさらに楽しんでいくようでした。

今も日本語を話す人がいる山間部の村のヌメヌメの名泉――【宜蘭・鳩之沢温泉】

教会の女の子が普通に日本語を話した

鳩之沢温泉と梵梵温泉（P183）のある大同エリアは、コンビニエンスストアはおろか商店などもほとんどありません。そのため、トイレを探すのも一苦労。台湾人の中には大小問わずその辺の木陰でチョロっと用を足してしまう人もいるようですが、僕はできるだけトイレを探すようにしています。

２０１０年にこの界隈をレンタカー自走で訪れたとき、急にお腹が痛くなり、なんとかトイレを貸してくれる場所はないものかと、しばし付近をウロウロ走り続けました。

そこで見つけたのが山奥にあるキリスト教の教会でした。「ここならトイレを貸してくれるかもしれない」と、教会の中で１人で勉強をしていた女の子（後に中学生であることが判明）に中国語でその旨を伝えました。

すると、女の子は「あなたは日本人ですか。トイレ？　いいですよ」と日本語で返してくれ、親切にトイレへと案内してくれました。普通に日本語で返されたので台湾にいることを一瞬忘れ、僕も「ありがとうね」とお礼を言いましたが、用を足し冷静になってみると「ん？　ここは台湾。しかも山奥の村。あの女の子はどうしてあんなに流暢な日本語を喋ったのだろうか」と頭が混乱しました。

台湾には、流暢な日本語を話す人が一定数います。日本統治時代生まれの方、そして後に生まれながらも日本語を学び独自に習得した若い世代まで。しかし、この女の子はまだかなり若く、どうして流暢な日本語を話すのかが僕には謎でした。

女の子にお礼を言うのと合わせて「どうしてそんなにきれいな日本語を喋れるのか」と日本語で尋ねました。すると女の子は「私は親から教わりました」と言い、さらに「ここではたくさんの人が日本語を喋りますよ」とも言います。

♨名称……鳩之沢温泉（ジゥヂーゼェア・ウェンチュエン／ハトノサワ・ウェンチュエン）
♨アクセス……台鉄・羅東駅または宜蘭駅から土日限定の１日１便のバスで約1時間15分（現実的にはタクシーチャーター、レンタカー、クルマなどでのアクセスが無難）
♨泉質……アルカリ性炭酸泉
♨ＰＨ値……8・1
♨泉温……約65℃

異部族間の共通語として使われてきた日本語

中学生が話す日本語にキツネにつままれたような気分になりました。

何か釈然としないまま教会を後にしましたが、後で調べてみると、特に台湾東部から中央山脈にかけての山深いエリアでは今も日本語が残り、さらには「Yシャツ」「布団」「寝巻き」「野菜」「コップ」「話」「アンタ」「男」「女」「ある」「ない」といった日本語の単語が、そのまま現地語になっている例があることを知りました。

主に台湾の険しい山間部には複数の原住民が存在します。それぞれ部族ごとに違う言語を使っていますが、異部族間でコミュニケーションをとる場合の共通語（クレオール）として、公用語の中国語の他に、日本撤退後も日本語が使われてきた経緯があり、それで今日もなお、原住民の間で「日本語を喋る人がいる」ということのようでした。

そして、特に日本語を使う人が多いと言われるのが、他でもないこの宜蘭の山間部です。この地で話される日本語は近年「宜蘭クレオール」とも称されるようになりました。

ちなみに現在、『毎日新聞』がＹｏｕＴｕｂｅで「宜蘭クレオール」の喋り言葉を動画で公開しています。この動画で喋っている方々はタイヤル族の言語・アタヤル語と日本語とが混ざった印象ですが、それでも興味深く感じられるはずです。気になる人はぜひチェックしてみてください。

エリアに鳩が多く飛んでいたことが名前の由来

前置きがずいぶん長くなりましたが、鳩之沢温泉はそんな宜蘭の山奥にある秘湯です。後述する通り衛生的な温泉施設で浸かることができるものの、かなりの山奥にあり、一般の旅行者にとってはアクセスがそう容易いものではないことから秘湯と言っていいと思います。

タイヤル族の間では古くからこの地で温泉が湧出していることが確認されており、かつてはその由来から「焼水」という地名だったそうです。

そして、日本統治時代に温泉施設が建設され「鳩沢温泉」または「旭沢温泉」の名で親しまれたと言います。当時の日本人がエリアに鳩が空を多く飛んでいたことからこの名をつけたと言われています。戦後、台湾から日本が撤退した後、1960年に「丹沢温泉」と改称されましたが、2006年に日本統治時代の名にならい「鳩之沢温泉」と再度改称されたという経緯を持つ温泉地です。

全身をコーティングするかのようなヌメヌメ感

梵梵温泉の近くにも流れる大きな川・蘭陽渓付近から鳩之沢温泉がある太平山を登っていくと、途中で入山ゲートがあります。

ここで入山料を払ってからさらに山奥へ向かうと、やがて山間から湯けむりが上がってくるのが見え始めます。その下にある立派な施設が「鳩之沢温泉」です。

宿泊施設はなく日帰り入浴が原則で、かつてはあまり他の客を見かけなかったものの、コロナ禍以降、台湾人の間で流行った国内旅行ブームの影響からか2024年6月に訪れた際は複数の台湾人グループ客がいました。

さっそく施設にチェックインをし、水着に着替えて温泉に浸かります。この「鳩之沢温泉」にはジャグジーなどのSPA的設備はありませんが、水着を着て男女混浴で温泉を楽しむスタイルです。

ところどころに設置された岩は中が大きくえぐられており、この岩穴に入ってのんびり温泉を楽しむこともできます。

鳩之沢温泉の源泉はアルカリ性炭酸泉。ヌメっとした質感の湯で長時間入浴すると、このヌメヌメ感が全身をコーティングしてくれるような印象があります。シャワーで洗ってもヌメヌメ感が簡単には取れず、保湿効果があるのだろうと思います。個人的に、台湾で最も好きな台北の紗帽谷温泉（P022）に次いで2番目に好きな温泉が、ここ鳩之沢温泉です。

「鳩之沢温泉」
宜蘭県大同郷焼水巷25号

宜蘭・羅東からのバスは土日のみの1日1往復

前述の通り公共交通機関でアクセスするにはかなりの難があります。台鉄・羅東駅または宜蘭駅より太平山エリアまでのバスが出ていますが、なんと土日に限って

鳩之沢温泉は太平山の中腹にあり、アクセスには入山ゲートを通ります。結構高めの入山料ですが、名泉の運営費などを思えばやむを得ないのかもしれません。鳩之沢温泉の貴重な入浴を楽しんだ後は施設から一段下がった公園エリアに行きましょう。ここでは自慢の温泉を使った温泉卵を作ることができます。卵は施設受付で販売しているので、こちらも合わせてやってみてください。

岩の穴の中に温泉が張られ、この中にスポッとハマりながら入浴を楽しむ寸法。ヌメヌメの温泉が全身をコーティングしてくれます。

運行されており、しかも1日1往復のみ。万一帰りにこのバスに乗り遅れると大変なことになります。

そのため、一見の個人旅行者であれば羅東や宜蘭などの中心部からのタクシーチャーターがベター。おそらく運転手さんの分の入山費用を払う必要があるため、往復では結構な金額になってしまうと思いますが、ここは覚悟しましょう。

一番オススメなのはレンタカー自走、または台湾人の知り合いがいれば来訪を付き合ってもらうこと。このような手段であれば、日本とも縁深い界隈の名所散策も合わせてできると思います。

小川に流れていた温泉が由来のキラキラ輝く名泉――【宜蘭・礁渓温泉】

台湾北部から反時計回りで一周した場合の「最後の温泉地」

宜蘭の山間部から一度羅東に戻り、さらに北上すると台湾東北部の一大温泉地・礁渓温泉があります。台北または桃園から、反時計回りで台湾本島を一周した場合、ここが最後の温泉ということになります。

僕はこのように台湾本島をグルっと一周するとき、台北や桃園が近づくにつれてだんだん寂しい気持ちになります。「台北や桃園が嫌いだ」というわけではなく「そろそろ日本に帰国する日」が迫っていることを実感するからです。

そんなこともあり、すぐに台北に戻るのではなく台湾本島一周の「最後の休息地」として礁渓温泉で1泊することが多いです。

また、礁渓温泉の先には、宜蘭と新北を結ぶ全長約13キロの雪山隧道というトンネルがあり、これを使えば台北・新北までクルマで1時間弱でアクセスできます。「時間を読みやすい」安心感もあり、礁渓温泉でいったん体を安め、台湾北部での「日本帰国までの限られた時間」をどう過ごすかをここで改めて計画するという理由もあります。

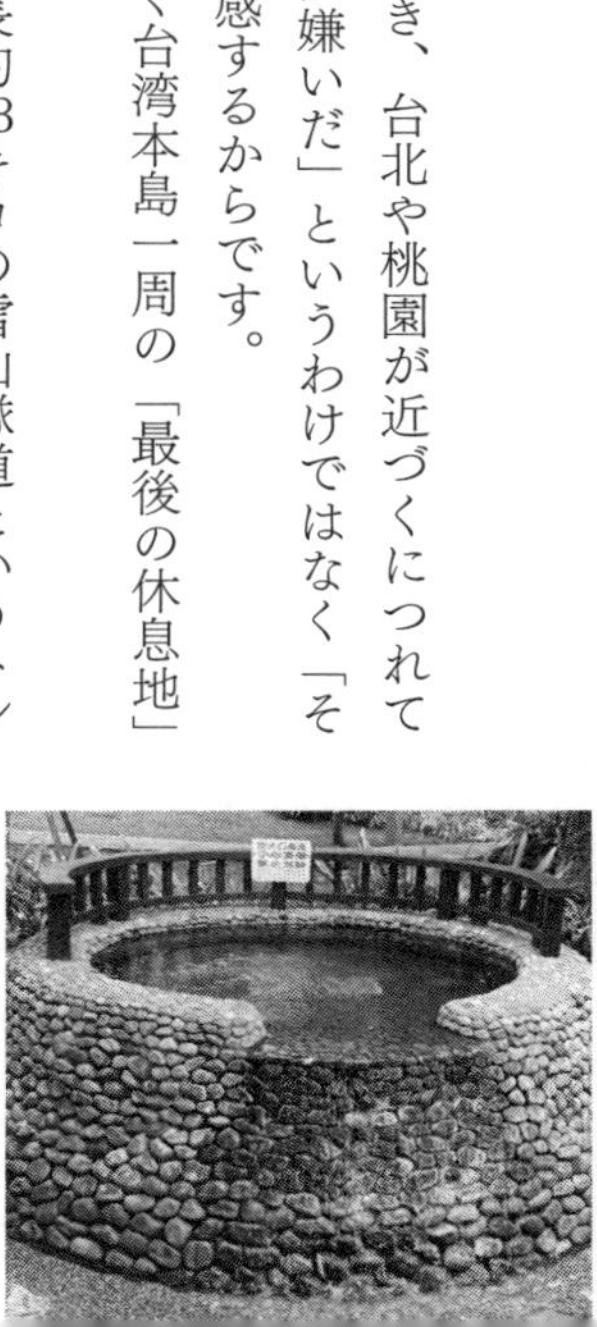

♨名称……礁渓温泉（ジャオシー・ウェンチュエン）
♨アクセス……台鉄・礁渓駅よりすぐ
♨泉質……弱アルカリ性炭酸水素ナトリウム泉
♨PH値……7.5
♨泉温……約64℃

ネオンギラギラの温泉街が2012年以降にリニューアル

公共交通機関でのアクセスも簡単で、例えば台北から目指すのであれば在来線やバスで乗り換えなく赴くことができます。

在来線の場合の最寄駅は台鉄・礁渓駅。駅前に出るとゆるい勾配の坂道が伸びており、その向こうにいくつもの温泉ホテルが並んでいます。やや乱立している印象もありますが、僕が初めて訪れた2006年頃はこの過密ぶりが「台湾的だ」とい

礁渓駅とは反対方向から眺めた礁渓温泉の様子（2010年頃）。当時はギラギラした感じの温泉ホテルが多く、このハイテンションな感じが僕にとっては魅力でした。

礁渓温泉は施設によってそれぞれ個性が異なるので、好みの施設で浸かりましょう。日本統治時代に作られた「円山公園」は「礁渓温泉公園」と名を変え、今も静かに温泉が湧き出る小川が流れています。付近にあるドクターフィッシュ足湯は無料とあって、いつも人でゴッタ返しています。

たく感激した記憶があります。

今はそうでもありませんが、その頃の礁渓温泉の温泉街はネオンギラギラの施設が多くどことなくハイテンション。このギラギラした感じが僕は嫌いではなく、どこかキッチュでとても魅力的に感じました。

また、この頃の礁渓温泉は客足が少なく、どの温泉ホテルも宿泊費が安かったと記憶しています。その宿泊費の安さもまた、僕が「最後の休息地」として度々訪れるようになった理由でもあります。

そんな礁渓温泉でしたが、２０１２年以降にこのエリアの公共施設の運営を民間会社が行うようになると、「日本風」にリニューアルされるなどして、礁渓温泉を人気の温泉地へと押し上げることに成功しました。

土日ともなれば台北・新北から、あるいは東南部から台湾人旅行者が多く訪れるようになっています。このことで安かった温泉ホテルの宿泊費が全体的に上がってしまったことは辛いですが、地元の人たちの心情を思えば、温泉街が活気を取り戻してくれたことはやはり良いことだと思います。

日本統治時代に作られた温泉公園が今もある

礁渓温泉の歴史は日本統治時代以前に遡ると言われています。

18世紀中頃まで、礁渓温泉エリアを含む宜蘭の平地では原住民・クヴァラン族が広く暮らしていましたが、１７９６年に福建省からやってきた呉沙という人物がクヴァラン族と対立・和解の末、このエリアの土地の一部を得て開墾。多くの漢人が宜蘭エリアに入植したと言われています。

このときに宜蘭に暮らし始めた農民が、仕事帰りに小川から出る温かいお湯を発見。疲れた体を癒すべく浸かっていたところ、後に温泉であることがわかりました。この小川こそが今の礁渓温泉の中心部を流れる湯圍渓で、日本統治時代には小川沿いに「円山公園」という温泉公園が作られました。また、高官などをもてなす招待所も設置され、さらに一般農民や労働者向けに無償で利用できる公共浴場も作られました。これが礁渓温泉の成り立ちです。

台湾から日本が撤退した後も、付近には続々と温泉ホテルが建てられました。かつての「円山公園」は今では「礁渓温泉公園」と改称され、無料の足湯やモニュメント、きれいに整備された男女別の公共浴場などを楽しむことができます。

また、礁渓温泉の中心部にある「礁渓温泉公園」から少し離れた場所に「湯圍溝温泉公園」というもう一つの温泉公園があります。こちらにも男女別の公共浴場があります。

どちらかと言うと、「礁渓温泉公園」のほうが慎ましく「湯圍溝温泉公園」は賑やかで活気がある感じ。僕個人的には「湯圍溝温泉公園」のほうが台湾ならではの雰囲気を感じられ、こちらのほうが好みです。

「礁渓温泉公園」
宜蘭縣礁溪郷公園路16号

「湯圍溝温泉公園」
「湯圍風呂」
宜蘭県礁渓郷徳陽路99－11号

どこかしらにニーズに合う入浴施設があるはず

礁渓温泉界隈の温泉ホテルは多彩。徹底した日本式を打ち出す施設がある一方、旧来のネオンギラギラ、ハイテンションな感じで多彩なSPAを打ち出すところもあり様々です。ニーズによって入りたい温泉ホテルが変わってくると思いますが、事前にある程度調べた後、現地で確認しながら、入浴する施設を選ぶと良いでしょう。本当にたくさんの温泉ホテルがあるので、仮に目当ての施設が「予想していたのと違う！」となったとしても、無数にある別の施設の中から、どこかしらニーズにピッタリ合致するところが見つかるはずです。

公共浴場ながら総ヒノキの設備が自慢の「湯圍風呂」

2023年6月、僕は久しぶりに礁渓温泉を訪れました。前述の通り礁渓温泉はかなり活気を取り戻している印象で、エリアのどこに行っても人だらけ。この日、日帰り入浴で浸かることにしたのは「湯圍溝温泉公園」内にある公共浴場の「湯圍風呂」です。男女別の日本の銭湯をさらに豪華にしたような造りで設備は総ヒノキ。脱衣所に入った瞬間、ヒノキの香りがプンプンします。BGMはお決まりの台湾と日本の演歌で、この雰囲気もまた嬉しく思いました。

脱衣所に有料のロッカーがありますが、有料のためほとんどの人が使っておら

「湯圍溝温泉公園」の様子。「礁渓温泉公園」よりもこちらのほうが賑やかで、土日であれば子ども用の露天ゲームなども出ています。そしてなんといっても最高なのが「湯圍風呂」という男女別の裸湯。総ヒノキ造りで、施設内はその香りがプンプンします。ヒノキの香りをまとった温泉は、一度浸かるとヤミツキになります。

「湯圍風呂」の男湯の入り口。裸湯なので内部は撮影禁止ですが、日本を意識した造りでかなり衛生的な施設。いわば日本で言うところの「銭湯の豪華版」みたいな印象でした。

ず、これまた日本の銭湯風の脱衣カゴを使っていました。ただし、紗帽谷温泉の「皇池3館」とは違って、「湯圍風呂」は地元の人ではない旅行者も多く訪れるところ。少し臆するところがありました。しかし、多くの人にならって僕も有料ロッカーを使わず、脱衣カゴに服と荷物を放り込みました。

ヒノキの香りをまといキラキラ輝く炭酸水素ナトリウム泉

肝心の温泉はと言うと、これがまた最高。礁渓温泉の源泉・弱アルカリ性炭酸水素ナトリウム泉がヒノキの香りをまとい、窓の外の日差しを受けてキラキラ輝いています。無色透明でサラサラ。実に澄んだ湯ざわりですぐに体がぽかぽかしてきました。うっとりするほどの名泉でヌルめの浴槽に浸かっているとウトウトするほど。

礁渓温泉ではそれまで、ハイテンションの温泉ホテルばかりを利用していたため、実際その源泉の素晴らしさを認識していませんでした。しかし、「湯圍溝温泉公園」のヒノキ風呂で「こんなに良い温泉だったのか」と大感激。これからは温泉そのものにこだわった施設を利用しようと思いました。

初めて訪れた際に見た忘れられない小さな場面

最後にもう一つ。僕には初めて礁渓温泉を訪れた際に見た、忘れられない記憶があります。当時の僕はまだ台湾本島を一周したこともなく、下手クソな中国語も今以上に喋ることができず、レンタカーでの運転もしたことがなく、台湾の温泉にもあまり浸かったことがありませんでした。

台北から在来線に乗って初めての礁渓温泉に訪れ、ギラギラした温泉ホテルで湯船に浸かり、ぽかぽかになったところで大満足し、帰りの電車を礁渓駅のプラットフォームのベンチで涼みながら待っていました。

すると、後からオバサンが駅の階段を下りてきて、僕の近くのベンチに腰をかけました。そして、近くで談笑していた中学生くらいの男の子数名に声をかけました。オバサンの話を聞いた男の子たちは皆談笑をやめて真顔になり、階段のほうへ一目散に走っていきました。僕はまったく言葉がわからなかったため、それが中国語なのか台湾語なのかさえ判別できず何を言ったのかもさっぱり理解できませんでした。「オバサンは男の子たちに何を伝えたのだろうか」……しばらく経つと男の子たちは走っていった階段の先から大きなスーツケースを2つ、皆でプラットフォームまで運んできました。その後ろには体の細い10代くらいの女の子がいて、男の子たちに「ありがとう」と伝えていました。そしてオバサンも男の子たちに向かってニッコリ笑顔を浮かべていました。

つまり、オバサンは階段で大きなスーツケース2つを運ぶ女の子を見て「なんとかしてあげたい」と思い、男の子たちに「階段で重そうな荷物を持った女の子がいる。あなたたち、その荷物を運ぶのを手伝ってあげなさい」と声をかけたようでした。

そして、それを受けた男の子たちも多感で難しい年頃にもかかわらず、迷わず階段のほうへ向かい助けてあげたということでした。

礁渓駅で見たほんの小さなワンシーンですが、僕は感動しました。同時に僕が同じような場面に遭遇したとき同じことができるだろうかとも思いました。他人の苦労や痛みを感じとり、それを助けるような働きかけをし、誰かに助けを求められた際に迷わず行動できるだろうか……そんなふうに思いました。

「臺灣最美的温泉是人」

台湾のメディアで度々紹介される言葉に「臺灣最美的風景是人」というものがあります。直訳すれば「台湾で最も美しい景色は人だ」。まったくその通りだと思いますが、この本のテーマになぞれば「臺灣最美的温泉是人」、つまり、台湾で最も美しい温泉は人だ」とも思います。

台湾各地にある温泉地では台湾人と予想だにしないコミュニケーションに発展する場面が多く、その一つ一つが台湾での思い出として、僕の心の中に刻まれてきました。あるいは礁渓駅で見たオバサンと男の子たちのような行動を前に、小さな感動を得たり学ばされることも多くありました。

結局のところ、僕はこんな場面を潜在的に求めて、台湾のゆるぽか温泉旅を続けているように思います。

台湾のレンタカー利用とタクシーチャーター（十野渓温泉に浸かるには？）

この本で紹介してきた台湾の温泉の中には、公共交通機関を利用してのアクセスが難しいところもあります。その場合に使える「台湾でのレンタカー自走」と「タクシーチャーター」の方法について、ここで紹介します。

「台日運転免許相互承認制度」とは？

何度か紹介した通り、かつて台湾では外国人のクルマやバイクの運転は、正式には認められていませんでした。そのため旅行者は、特に離島やリゾート地などの交通手段が限られる場所に関して、朝日温泉（P161）でのバイクのエピソードのように、暗黙に無免許で運転させてもらえた時代がしばらく続いていました。

そんな中で2007年に実施されたのが「台日運転免許相互承認制度」でした。国際運転免許証などを取得せずとも、双方の国で取得した運転免許証が事実上そのまま使えるというものです。

日本人旅行者が台湾でレンタカーなどを借りて運転して巡る例はさほど多くない一方、台湾人旅行者が日本でレンタカー自走で巡るケースはよく見聞きします。特に台湾人に人気の、北海道をはじめとする日本の地方部のレンタカー会社では、繁体字（台湾・香港のみで使われる正字体。対して某大陸などで使われるのは、簡略された簡体字）での案内もよく目にします。

台湾でクルマやバイクを運転する場合、基本はレンタルになりますが、日本の運転免許証だけを業者に差し出しても貸してもらえるわけではなく、以下の4点が必要です。

◆日本の運転免許証
◆パスポート
◆クレジットカード
◆中国語翻訳文

台湾を旅行する人であれば、最初の3つはまず持っていることと思いますが、「中国語翻訳文」は別途取得する必要があります。万一台湾で事故や違反を起こした場合に、「日本の運転免許証」の内容を警察やレンタカー会社が読み解くためのもので、これがないとレンタカーを借りることができません。

ただし、その取得は簡単です。日本国内であればＪＡＦ、台湾滞在中であれば台北または高雄にある日本台湾交流協会で発行してくれます。旅行者の場合、渡航前に日本国内で用意しておくほうが無難でしょう。発行には日数がかかるため、余裕を持って申請すると良いと思います。最新情報はＪＡＦまたは日本台湾交流協会のＷＥＢサイトで確認してください。

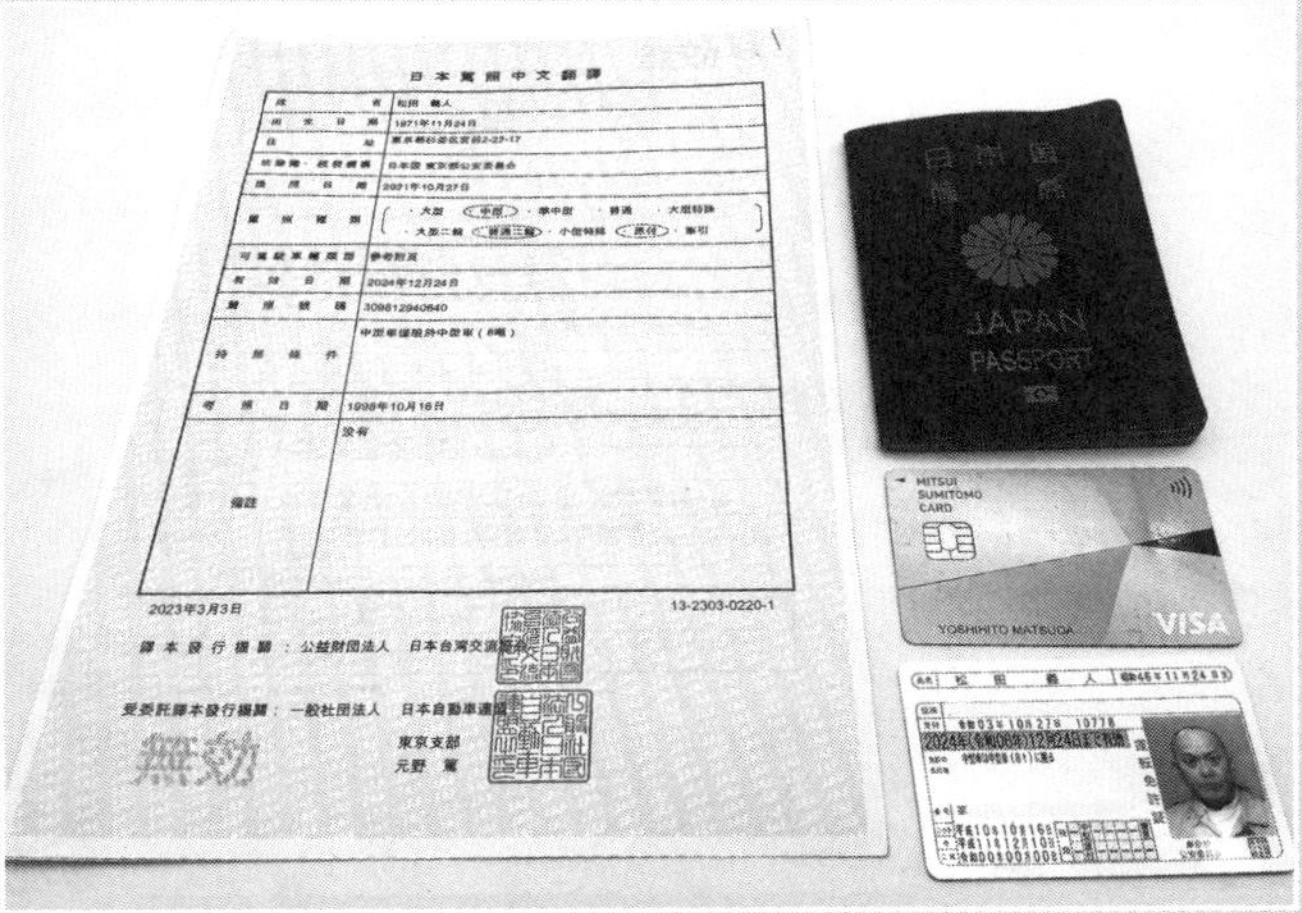

台湾の運転で必要となる４つ。「日本の運転免許証」「パスポート」「クレジットカード」は台湾を旅行するほとんどの人が持っているはずですが、写真左の「中国語翻訳文」は改めて取得する必要があります。これがないと、台湾では運転することができず、当然レンタカー会社もクルマを貸し出してくれません。

台湾のレンタカー予約は事前にしておくのが◎

また、肝心の台湾でレンタカーを借りる方法ですが、日本同様、なんの予約もナシにレンタカー会社に行っても必ず借りられるとは限らず、これもまた事前予約が無難です。近年は複数のチケッティングサイトがあり、日本語で値段や条件を比較しながら予約することができます。

僕がオススメするのは「ＫＫｄａｙ」というサイト。「ＫＫｄａｙ」は台湾発祥のチケッティングサイトで大坑温泉（Ｐ０９２）の「日光温泉会館」もこのサイトを利用して予約しました。台湾をはじめアジア各国の観光ツアーに強く、もちろん台湾のレンタカー予約もできます。台湾発祥のサイトなだけあり、参加している台湾のレンタカー会社が多く、日本語もわかりやすいため安心です。ただし、商品は時期によって価格や条件などが異なります、他のチケッティングサイトとも見比べながら予約すると良いでしょう。

01

02

01 桃園空港でのレンタカーピックアップの様子。空港までクルマを持ってきてくれる業者もいれば、近隣の営業所まで送迎されるケースもあります。02 ご存知の通り台湾は右側通行です。03 日本とは異なる交通ルールを理解するためには専門書を読むと良いでしょう。『台湾を自動車で巡る。台湾レンタカー利用完全ガイド』加賀ま波・著（なりなれ社）は日本初の台湾の交通ルールのガイドブックです。

03

ところで僕は台湾でレンタカー自走をする場合、桃園空港に着いてすぐにクルマをピックアップし、帰りの飛行機に乗る直前に返すという設定にすることが多いです。台湾の離島などを巡る場合はこの限りではありませんが、台湾本島をくまなく巡りなおかつ滞在中にどんどん荷物が多くなる人（僕です。ついアレコレ買ってしまいます……）はこの借り方がオススメです。

台湾滞在中をほぼフルで借りるため、「夜間などの運転しないロスタイム」などを考えれば割高に思えますが、それでもさほど天候に左右されずに移動できること、スーツケースなどの重い荷物を運ぶ手間が軽減されることの他、公共交通機関の乗り継ぎ時間などを気にすることなく自由に移動できるなどの利点もあります。

これらをどう捉えるかは個人ごとに考え方が異なると思

いますが、ぜひ自身のニーズに合った合理的な借り方を設定してみてください。

台湾の交通ルールや慣習を解説したガイドブック

レンタカーを無事に借りた後は、台湾の交通ルール、給油方法、駐車場の停め方が気になると思います。ここでは細かく紹介しきれませんが、2024年に刊行された『台湾を自動車で巡る。台湾レンタカー利用完全ガイド』加賀ま波・著（なりなれ社）という専門書で詳しく解説されています。

台湾のレンタカー利用、運転、万一の際の対策を網羅した一冊で、軽い作りになっているため、台湾旅行中でも邪魔にならず、クルマのドアポケットなどに入れておける仕様です。Amazon、台湾・中国語関連書店、首都圏の台湾料理店、各地台湾フェスなどで購入できます。こちらもぜひチェックしてみてください。

秘湯を巡るためのタクシーのチャーター

続いて、タクシーチャーターの楽な利用方法を紹介します。台湾の地方部の人気観光地のタクシーの中には、一般的ないわゆる「流し」の送迎サービスだけでなく、観光名所の案内をパックで行う業者もいます。前述のようなチケッティングサイトでめぼしいタクシー業者やツアーを見つけ、予約することで簡単に予約することができます。

ただし、予約しやすい反面、他の旅行者のコースと一緒だったりアレンジには対応してもらえないことも。特に秘湯などの行きにくいエリアはニーズが少なくプラン自体がないことも多いです。

そのため、できれば行きたい温泉、名所などのプランのコースをまず書き出し、各地のタクシー業者にメールなどで直接問い合わせをするのも一つの手段です。地方部のタクシー業者で熱心なサービスを行っているところはSNSなどでのプランの発信も多く行っているので、そういった業者を積極的に選び問い合わせすると良いでしょう。

近年の翻訳アプリなどの進化で、日本語と中国語の変換はかなりしやすくなりました。「日本語⟷中国語」の変換を何往復かさせ確認することで、表現の正確さが増します。ぜひトライしてみてください。

台湾東部全域を案内するオススメタクシー業者

台湾東部をタクシーチャーターをして移動する際にオススメの業者があります。花蓮を拠点にした「台灣花蓮觀光旅遊包車古小姐」という業者で、2024年4月の「花蓮地震」

以前は、太魯閣観光や中部横貫公路沿いの山々を巡る観光ツアーなどを実施していました。

現在は地震の影響で、特に台湾東部の平地の観光ツアーを多く行っていますが、運営しているのは原住民・太魯閣族の方々でとにかく親切。そして、他のタクシー業者が知り得ない各所の事情にも詳しいです。特にマレーシア、シンガポール、香港といった国の旅慣れた旅行者は、複数回この業者をリピートするほどの満足度。日本人旅行者にももちろん優しいので、ぜひチェックしてみてください。

台湾東部の観光タクシーのオススメ業者

歡迎光臨
東台灣！

2024年4月の「花蓮地震」の影響で景勝地・太魯閣エリアの観光はしばらく難しくなりましたが、台湾東部は平地にいくつもの名所があり、この本で紹介したように複数の温泉があります。一方、こういった温泉と平地の各所を巡る場合、公共交通機関での移動には限界があります。そんな際はやはり地元のタクシーをチャーターするのがオススメ。希望日時、行きたい場所などを伝え時間制でいくらで巡ってくれるかを交渉すると良いでしょう。特にオススメは花蓮の「台灣花蓮觀光旅遊包車古小姐」という観光タクシー業者です。台湾東部の移動に不安があったら相談してみてください（英語対応可）。

台灣花蓮觀光旅遊包車古小姐
https://www.facebook.com/mom88168/

ハードル激高の台湾の野渓温泉に訪れたい場合

梵梵温泉以外、僕にとって体験の乏しい台湾各所の野渓温泉ですが、体験できていない理由は「日本人旅行者１人でのアクセスが危険かつ現実的に難しい」「２週間前までに入山許可証を発行してもらわないと入山できないところがある」などが挙げられます。

道なき道をかき分けて行く野渓温泉、ボートに乗って川を下りながらアクセスする野渓温泉などもあり、これもまた各所の地形に詳しい地元台湾人のアテンドがない限り、事実上入浴は不可能です。

ただ、コアな台湾ファン、温泉ファンはそういった秘境にこそ訪れてみたいもの。どうしても訪れてみたい野渓温泉がある場合は、目指すべき野渓温泉近くの山の登山ツアーなどを実施する台湾各地の旅行会社に問い合わせてみると良いでしょう。

ただし、運良く旅行会社がアテンドに応じてたとしても、天候の影響もあるためハードルはかなり高め。一度のトライで実現できるとは限りません。この点を理解し、安全を最優先に根気強くトライしてみてください。

優良な参考文献・参考WEBサイト

＜参考文献＞
『台灣溫泉悠遊行』台灣東販編輯小組・編（台灣東販）
『台灣溫泉120家』台灣角川編輯部・編（台灣角川）
『全台溫泉勝地』台灣角川編輯部・編（台灣角川）
『野外泡湯趣：魅力野溪溫泉大發見』李麗・著（大都會文化事業有限公司）
『台灣秘境溫泉：跨越山林野溪、漫步古道小徑，45條泡湯路線完全探索』陳柏淳・著（PCuSER電腦人文化）
『湯けむり台湾紀行：名湯・秘湯ガイド』鈴木浩大・著（まどか出版）
『台湾温泉天国：はじめての完全ガイド』高田京子・著（新潮OH文庫）
『台湾の秘湯迷走旅』下川裕治・著／広橋賢蔵・案内人／中田浩資・写真（双葉文庫）
『台湾はだか湯めぐり：北部篇』捲猫・著／三浦裕子・翻訳（中央公論新社）

＜参考WEBサイト＞
『台灣好湯』 https://taiwanhotspring.net/
『台湾温泉ガイド』 https://taiwanonsen.com/
『温泉逍遥』 https://blog.goo.ne.jp/onsen_shouyou
『台湾特捜百貨店〜片倉佳史の台湾体験〜』 http://www.katakura.net/

あがり湯（おわりに）

2019年、僕は『台北以外の台湾ガイド』（亜紀書房）、『パワースポット・オブ・台湾』（玄光社）という2冊の台湾の本を刊行しました。当時、台湾にまつわる本は女性向けガイドブックかグルメ本ばかりが刊行されていました。台湾をより一歩深く知りたい方や男性台湾ファンの方が喜ばれるような本が限られていた時期でもあり、僕の2冊はそこそこ読んでもらえたそうです。

それで「今度は台湾の温泉を紹介する本を作りたい」と、晶文社の編集者・小川一典さんに相談に乗ってもらったところ「面白いんじゃないですか」と言ってくれ、2020年秋の刊行を決めてくれました。

改めて巡りたい温泉地も多くあり、この年の3月1日から台湾各所を巡る予定で渡航にかかわる全ての手配をしていました。しかし、2月を過ぎた頃から新型コロナウイルス感染拡大の報道が始まりました。

僕は当初「コロナだかナンだか知らないけど、台湾に行きさえすればなんとかなるだろう」と予定通り渡航するつもりで考えていました。そして、複数の台湾人の友人に連絡をし「台湾に行くから、時間があったら一緒に食事しない？」とノンキに声がけすると、皆「悪いけど、今は来ないで欲しい」「絶対に来ないで。それは台湾のためでもあるし、松田義人（台湾人は人の名前をフルネームで呼ぶ）のためでもある」と満場一致で「来るな」とピシャリ。

それでも僕は「温泉の取材があるし、仕方ないから台湾人の友人には誰にも会わずに各所を巡ろう」と考えました。しかし、渡航の1週間前になりレンタカー会社や山奥の温泉ツアーの事業者から続々と「キャンセルさせてください」という通知が届きました。

なんか変だぞ……そう思い、積極的に新型コロナウイルス関連のニュースを見始めたところ、航空会社も続々と運行をキャンセルし始めたことを知りました。僕が手配していた航空券は往復路ともにこの時点ではキャンセルではなく、行こうと思えば行くことができました。しかし、行きの飛行機が飛んだとしても、時間の経過で帰りの飛行機が飛ばなくなってしまったら一大事。東京での仕事があり戻って来られない場合は、周囲に迷惑をかけることとなります。

ギリギリまで迷った挙げ句ここでいったん断念し、渡航前日に全てをキャンセルしました。「数ヶ月後に改めて仕切り直そう」と思いましたが、それから約2週間後の3月13日には、日本国内で「緊急事態宣言」という、それまでに耳にしたことがない措置が発布されました。

ところで、僕は「緊急事態」といった場面に直面すると、変かもしれませんが、なぜかテンションが上がるところがあります。当初、誰も歩いていない東京の景色を見て「ヤバい」と言いながらも興奮していましたが、自分の取引先である出版社の仕事が軒並みキャンセルとなり、直接自分の収入に影響したことで、やっとこの「緊急事態」が本当にヤバいものなのだと認識しました。

時間の経過につれ「緊急事態」がそう簡単には終わらないこともわかってきました。生活面での制限は我慢できる一方、心配だったのが刊行予定のこの本でした。海外旅行ができない状態が数年続くわけですから「もう出せないだろう」と半ば諦めていました。

そんな中、編集の小川さんと改めて話をすると「大丈夫です。コロナ禍が明けたときに仕切り直しましょう」と心強い言葉をくれ、結果的にこんなに長い時間を付き合っていただきました。本当に嬉しかったです。

それから3年が経過。やっとコロナ禍が明け、少しずつ海外旅行が復活し始めました。しかし、僕の仕事のペースは完全に変わりました。当初は出版がメインだったところ、WEBメディアのコンテンツ制作や執筆がメインになりました。WEBメディアの仕事は出版や新聞以上に時間に追われるので、結果この本に取り掛かれるようスケジュールを整えるまでさらに数ヶ月の時間が必要でした。

都合、刊行が確定してから5年にもおよぶ難産の末にやっとこの本が完成しました。この間、台湾関連のイベントなどで会う人から「台湾の温泉本、その後どうですか?」「いつ出るんですか?」と聞かれる度にビクッとし「いや、今やっているんで、数ヶ月後には……」と出る出る詐欺をしていましたが、なんとかまとめることができて本当に良かったです。

編集の小川さんはまだ台湾に行ったことがないそうですが、いつか一緒に遊びに行きたいと思っています。ただし、台湾は暑いのでオーバーオールは薄手のものが良いと思います。

また、古い友人で、画家＋イラストレーターのホセ・フランキーさんがこんなにきれいで楽しい装画を描いてくれました。ホセさんの絵を広告や本でよく目にするようになり、当初は「売れっ子のホセさんに『友人だから』とシャシャってお願いするようで、ちょっと頼みにくい」とも思っていました。

しかし、遠い昔のこと。ホセさん夫妻が温泉旅行に出かけた際、「家に大事な物を忘れてきた……」と僕にSOSが入り、僕が不動産屋さんに出向いて合鍵を借り、ホセさん夫妻の愛の巣に入り、部屋干しの夫婦の下着を銭湯ののれんのようにくぐり抜け、大事な物を取り出し送ってあげたことを今もずっと恩に着てくれていたようで、こんなに素敵な装画にしてくれました。本当にありがとうございました。

そして、ホセさんが紹介してくれた若手法廷画家の池上ウェニーワンくんも素敵な挿絵をありがとうございました。絵を見た瞬間、最高すぎて吹き出してしまいました。

というわけで「あがり湯」もこんなに長くなってしまいましたが、紹介した台湾の温泉のうち、気になったところはぜひ訪れてみてください。そして、あなただけの台湾旅のゆるぽかな体験に繋がり、さらに台湾および台湾人との交流や友情が深まることを心から願っています。

装画／ホセ・フランキー
挿絵／池上ウェニーワン
装丁・ブックデザイン／松田義人
編集／小川一典（晶文社）

多謝多謝！／林さやか（編集室屋上）・
加賀ま波・中西ふみえ・曽文翔・
阿部千恵子・林虹瑛・孟憲徳・
劉佳恵・片倉佳史・片倉真理・
KKday・台湾新聞社・
台北市政府観光伝播局・
台湾交通部観光所・
台南市政府観光旅遊局・
台東縣観光局

台湾
ゆるぽか
温泉旅
松田義人

まつだ・よしひと。1971年・東京生まれ。編集者・ライター。1992年に初めて行った台湾にドハマリし、以来30年以上台湾に通い続ける。台湾に関する複数の著書を刊行。主な著書に『台北以外の台湾ガイド』（亜紀書房）、『パワースポット・オブ・台湾』（玄光社）などがある。

松田義人。1971年出生於東京。編輯 / 作家。1992 年第一次去台灣，從此三十多年來一直去台灣。出版了多本有關台灣的書籍。主要著作有『台北以外的台灣觀光指南書』（亜紀書房）、『POWERSPOT・OF・TAIWAN』（玄光社）。

台《たい》湾《わん》ゆるぽか温《おん》泉《せん》旅《たび》

2024年11月15日初版

著者　松田義人
発行者　株式会社晶文社

東京都千代田区神田神保町1-11　〒101-0051
電話 03-3518-4940（代表）・4942（編集）
URL https://www.shobunha.co.jp

印刷・製本　中央精版印刷株式会社

ISBN978-4-7949-7410-5 Printed in Japan